匠心·创新『二』

——北京局铁路技师风采

北京铁路工人技师协会 组织编写

中国铁道出版社有限公司
CHINA RAILWAY PUBLISHING HOUSE CO., LTD.

序

Forword

为响应党的十八大提出的创新驱动发展战略，贯彻落实习近平总书记在十九大提出的建设知识型、技能型、创新型技能人才队伍的指示精神，发挥高技能人才在安全运输生产中的作用，充分展示铁路高技能人才的精神风貌、创新成果和精湛技艺，宣传高技能人才业绩，调动高技能人才积极性和创造性，为铁路安全运输生产服务，北京铁路工人技师协会在中国铁路北京局集团有限公司开展了技师创新成果展示活动，成果展示以宣传图册的方式进行。本次出版的展册主要收集了天津地区55位技师2012年以来的创新成果并予以宣传展示。旨在通过成果展示活动进一步增强广大技师的荣誉感、责任感和使命感，为铁路建设贡献他们的聪明才智，为实现“两个一百年”奋斗目标，实现中华民族伟大复兴的中国梦而努力奋斗。

目 录

Contents

创新之星

Chuangxin Zhixing

技术能手

Jishu Nengshou

岗位标兵 Gangwei Biaobing

创新之星

Chuangxin Zhixing

不断追新的工匠——马玉刚

人物

马玉刚，男，1960 年生，技校学历，全路技术能手。1982 年 8 月参加工作，现为唐山供电段职工创新工作室负责人。

马玉刚 30 多年创新不辍，研制的卡扣式绝缘套管压合钳和液压叉车辅助工作平台，解决了唐山供电段接触网附加导线绝缘护套安装和变电所设备大型部件安装困难问题，被北京局集团有限公司推广；电缆剥缆钳的研制填补了国内电缆剥缆工具的空白；接触网防偏磨双环杆的研制，解决了接触网滑轮补偿中因定滑轮偏斜与补偿绳摩擦，造成定滑轮损伤或补偿绳断股的重大安全隐患，消除了接触网偏磨的痼疾。作为北京局集团有限公司首批授牌“马玉刚职工创新工作室”的领军人，带领创新团队完成 30 多项技术创新，解决许多生产中的实际问题，其中一项成果获得国家实用型专利，两项成果获得国家发明型专利。他在创新道路上坚持不懈，注重实效，为确保接触网检修梯车安全先后研制了摆动梯车、梯车防倾钩、接触网检修梯车稳固器，这些成果的应用，保证了高空作业人员的人身安全，提高了检修效率，其中接触网检修梯车稳固器成为北京局集团有限公司 2018 年重点推广项目。目前，马玉刚带领的创新团队，正积极唐山供电段检修中存在的问题攻坚克难，通过创新检修工具改进落后工艺，保障电气化铁路不间断供电，确保铁路畅通。

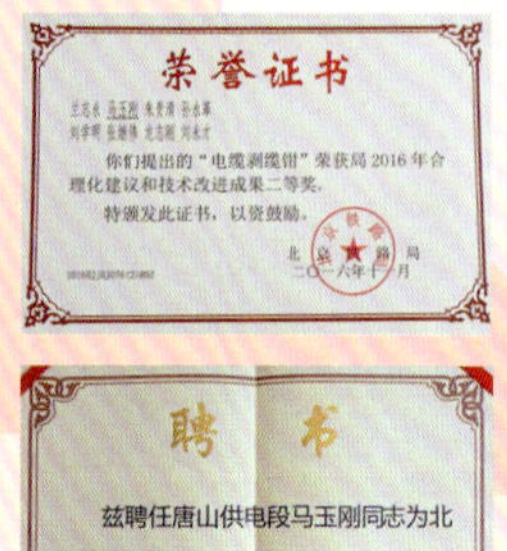

荣誉证书

你们提出的“电缆剥缆钳”荣获局 2016 年合理化建议和技术改进成果二等奖。

特颁发此证书，以资鼓励。

北京铁路局

二〇一六年十一月

被命名为2016年度

京铁工匠

北京铁路局

2016.12

聘书

兹聘任唐山供电段马玉刚同志为北京铁路局电焊工首席技师

北京铁路局

2016 年 6 月 22 日

荣誉证书

马玉刚同志：

荣获 2015 年度全路技术能手称号。

荣誉

2015 年	全路技术能手	总公司级
2015 年	先进职工	路局级
2016 年	合理化建议和技术改进成果二等奖	路局级
2016 年	京铁工匠	路局级
2017 年	发明专利	国家级

成果

1. 电缆剥缆钳

供电段在施工中，大量电缆接头需要去掉外皮，电缆外皮在低温时会硬化，因此严重影响施工进度。马玉刚发明的电缆剥缆钳，解决了电力施工中剥皮的难题，该剥缆钳的割口深度可调节，在 10 ~ 40 mm 直径范围内的电缆可迅速调节到位，成为全天候剥缆工具，不但剥缆效率高，还确保电缆接头质量，填补了我国剥缆工具的空白，已获得国家发明专利。

2. 电力并沟线夹顶丝钳

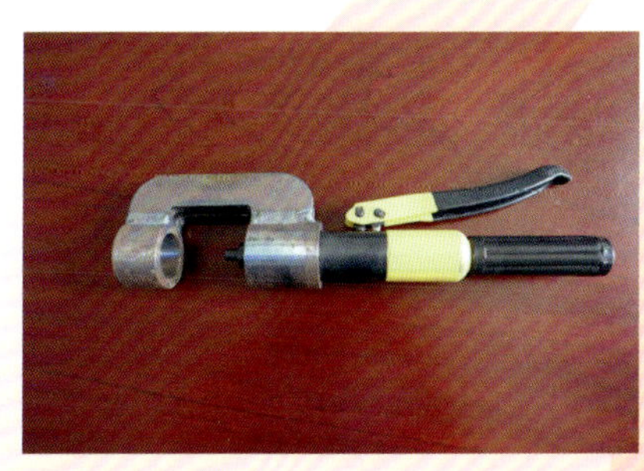

唐山供电段在 10 kV 线路检修中，在拆卸接线端并沟线夹时，遇到并沟线夹上的固定螺栓与线夹严重锈蚀，给拆卸带来困难，完成一个接线端（6 个并沟线夹），需 2 ~ 3 h。为此马玉刚研制了液压并沟线夹顶丝钳，通过液压枪产生的挤压力，将锈蚀螺栓挤出。使用此工具完成一个接线端线夹更换，仅需 1 h，降低劳动强度，提高施工效率。此工具已经申请国家专利。

3. 接触网定位线夹折销钳

电气化铁路中接触线悬挂的定位装置，是用 U 形销将定位器的定位线夹与接触线连接。安装 U 形销时，顶销与折销同步才能达到安装标准，U 形销一旦松动，加速其磨损，会造成接触线定位脱落的严重弓网事故，为此马玉刚发明了定位线夹折销钳。此钳仅需一人操作，可实现 U 形销安装 100% 合格率。接触网定位线夹折销钳已申请国家实用新型专利。

4. 接触网滑轮补偿双环杆

接触网补偿装置是自动调节接触线和承力索张力的补偿器及其制动装置的总称。滑轮补偿是其中之一，应用较广。由于补偿滑轮与补偿绳之间偏磨现象普遍，严重偏磨会使装置中的定滑轮护槽磨损，损坏滑轮的完整性，出现脱槽、补偿绳断股、卡滞等严重的弓网事故，影响接触网设备状态，被视为接触网设备一大难题。为攻克这一难关，马玉刚率领全体创新成员经过不断摸索，研制出了防偏磨双环杆。它的研制成功能有效防止偏磨，已经在非营运线路上试验成功，为电气化铁路做出较大贡献。此成果已申请了国家专利。

创新工作的“头雁”—— 陈振

人物

陈振，男，1966年生，中专学历，路局首席技师。1985年参加工作，现为秦皇岛工务段综合机修车间线路工，线路工高级技师。

陈振热爱铁路线路维修工作，善于团结同事，引导和带领身边技术骨干开展科技创新工作，解决了该段生产中多个技术难题和安全隐患。他勤奋工作，善于学习，勇于钻研，对于生产中出现的各类质量或安全隐患问题，总能找出科学合理的方法进行解决处理。多年来，他和同事们一起研究的科研成果获得了两项国家专利，主持或参与研制的科研项目获得十几项路局科研奖项。

荣誉

年份	荣誉	级别
2012年	节能降耗标兵	路局级
2013年	合理化建议和技术改进成果三等奖	路局级
2014年	合理化建议和技术改进成果三等奖	路局级
2016年	“四小三法”技术革新优秀成果奖	路局级
2016年	京铁工匠	路局级
2017年	实用新型专利	国家级
2017年	创新之星	路局级
2017年	优秀技师	路局级
2017年	线路工首席技师	路局级
2017年	全路技术能手	总公司级
2018年	实用新型专利	国家级

荣誉证书

崔海军 李亚江 吴国纯 陈 振
纪宏伟 张向奏 巴洪全

你们提出的“现场制作异型钢轨，降低换轨成本”荣获局 2013 年合理化建议和技术改进成果三等奖。

特颁发此证书，以资鼓励。

北京铁路局
二〇一四年 月

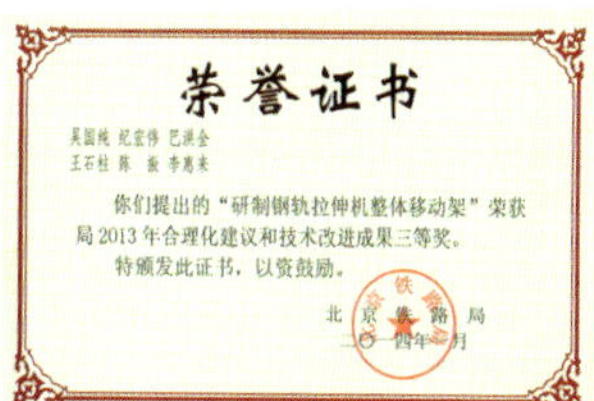

荣誉证书

吴国纯 纪宏伟 巴洪全
王石柱 陈 振 李惠来

你们提出的“研制钢轨拉伸机整体移动架”荣获局 2013 年合理化建议和技术改进成果三等奖。

特颁发此证书，以资鼓励。

北京铁路局
二〇一四年 月

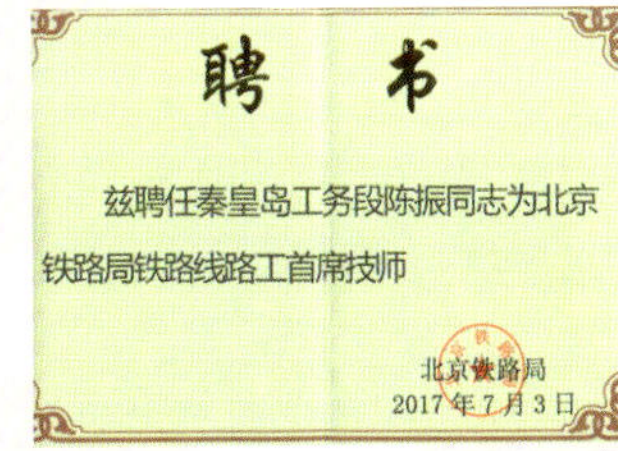

聘书

兹聘任秦皇岛工务段陈振同志为北京铁路局铁路线路工首席技师

北京铁路局
2017 年 7 月 3 日

秦皇岛工务段：

你单位《改进钢轨推凸刀刀刃和立柱折断器》项目
（第一研制人：陈 振）

荣获2016年“四小三法”
技术革新优秀成果奖

北京铁路局工会
二〇一六年七月

1. 现场制作各种异型钢轨

现场制作异型钢轨技术是一项首创技术，它利用钢轨变形技术和铝热焊焊接技术，通过科技创新工作，巧妙地把两项技术进行组合，根据现场实际情况，现场制作各种异型钢轨，彻底解决了制约更换道岔施工的瓶颈问题，施工困难得到顺利解决，当年就节约了生产开支 50 多万元，填补了国内外一项技术空白，累计为该段节省生产资金 300 多万元。目前，该项技术推广到多家工务段并得到了广泛的应用。

2. 失效绝缘接头分解器

为解决分解胶粘绝缘接头分解难的问题，陈振和同事们研制出一种失效绝缘接头分解器。传统处理绝缘接头故障的方法就是锯掉绝缘接头两侧钢轨再重新焊接和重新进行胶粘绝缘接头作业，生产成本巨大，处理故障时间过长，传统处理一个病害胶粘鱼尾板作业时间需要约 120 min ，铝热焊焊接接头 2 个，作业人员 25 人左右，处理一个病害接头需要 3.5 万元。使用分解器现场分解，仅需要作业人员 4 人，现场更换后仅需要 0.5 万元，缩短胶粘绝缘鱼尾板处理时间，经济效益明显。使用分解器后劳动效率提高了 3 倍，减少了作业人员 21 人，节约生产成本 3 万元以上。

3. 绝缘接头肥边切割机

为解决分解胶粘绝缘肥边保养出现的的问题，陈振和同事们研制出绝缘接头肥边切割机。切割绝缘肥边时，操作简单，用时短，安全高效，能够准确切割胶粘绝缘肥边，且对胶粘绝缘轨端无任何损伤，误差小于 0.1 mm，平均用时 1 min30 s，显著提高作业效率。

创新之星

铁路信号工中的“鲁班”—— 苏磊

人物

苏磊，男，1978 年生，中共党员，本科学历，全路技术能手。1997 年 12 月参加工作，现任天津电务段德州车间吴桥信号工区副工长。

自入路以来，他立足本职工作，精检细修，以高度的责任心干好各项工作，并经过摸索总结出了“平、顺、滑、洁、紧”五字巡视检查法。作为一名普通的信号工技师，他在现场信号工工作岗位上工作了 20 多年，平日里在工作中经常感觉有些设备和一些正在使用的工具及专用工具有些不足，在使用中出现不顺手、不适用、不实用情况。在长期的摸索试验和改进中，苏磊制作了一些备受现场师傅们好评的各类工具设备等。在工作中，苏磊热衷于科技创新、实用创新。他发明道岔外锁闭装置内衬铜套更换装置获得部级奖励，发明的铁路系统作业防护提示器（2017 年申请国家专利）、遥测表电动辅助装置、开口销拆除器、气压机油注入器、LED 道岔看口便携装置、编写电脑自动排班每日一题安全天数显示软件、发明伸缩防护绳等几十项发明及革新都在现场使用中得到一致好评。

2014 年	技术革新标兵	路局级
2015 年	QC 成果奖	总公司级
2016 年	优秀技师	路局级
2017 年	实用新型专利	国家级
2017 年	全路技术能手	总公司级
2018 年	优秀共产党员	总公司级

表彰：苏磊 同志
中国铁路总公司优秀共产党员

荣誉证书
授予 苏磊 同志：
2017年度“党员技术能手”称号

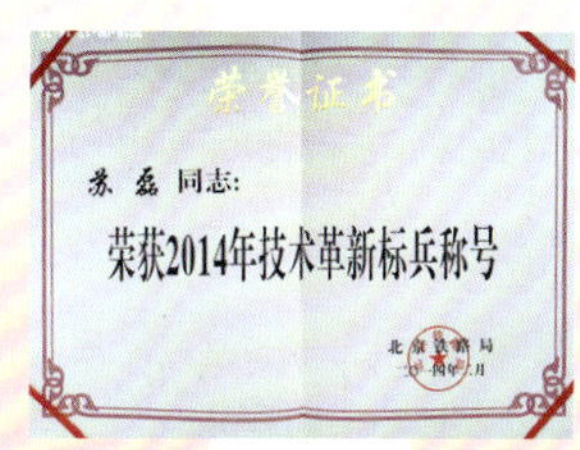
荣誉证书
苏磊 同志：
荣获2014年技术革新标兵称号

1. ZYJ7 锁钩内衬铜套更换工具

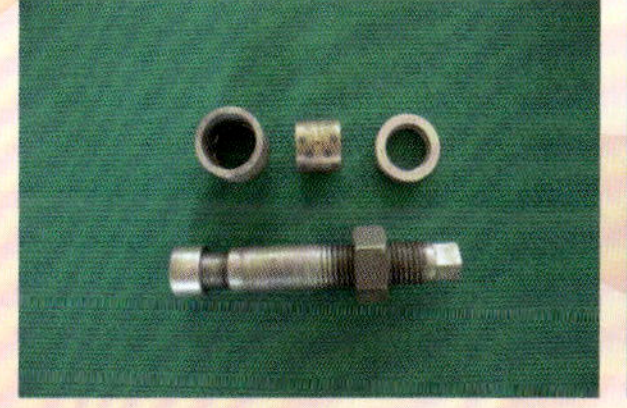

苏磊研制完成的 ZYJ7 锁钩内衬铜套更换工具使用时无需松动内连接铁螺丝。老方法更换 1 个 ZYJ7 锁钩内衬铜套需要 3 人，1 人拨尖轨，1 人保持锁钩位置，1 人更换。而新方法更换一个 ZYJ7 锁钩内衬铜套最多需 2 人，工具自身能保持锁钩与工具垂直。该工具的采用节约了人力和物力，并获得路局的肯定和奖励。

2. 遥测表电动辅助装置

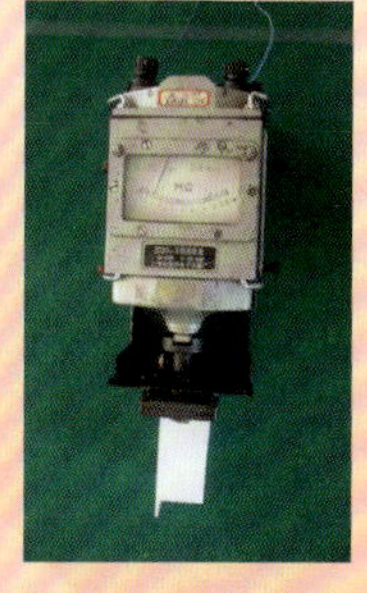

针对人工遥表时快时慢且遥测数据不准情况，苏磊研制了遥测表电动辅助装置，可以将摇速控制在 110 ~ 130 r/min。此装置的运用提高了准确率，并且作业人数由原来的 3 ~ 4 人缩减到 2 人（1 人测试，1 人记录）。

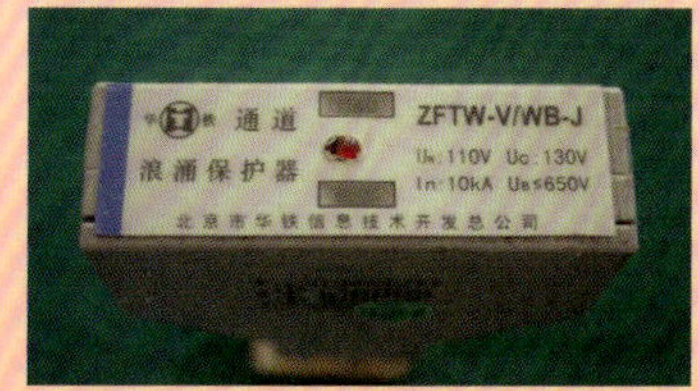

3. 改进防雷模块

针对现有防雷模块雷电击穿后可视窗不易观察，模块损坏后错过更换模块时机，使二次雷击造成设备损坏，苏磊改进防雷模块后能通过声光报警装置提醒及时更换，为设备安全运行增加了保障。

创新之星

锐意进取、不断创新的高级技师——朱连法

人物

朱连法，男，1966 年生，中共党员，全路技术能手。1990 年 12 月参加工作，现任天津工务段德州线路车间检查工区工长，高级技师。

朱连法以攻坚克难、改革创新的精神被养路人所熟知，以锐意进取、不懈奋斗的坚持为大家所折服。经过不断的努力，朱连法在技术创新方面取得了非凡成就。2012 年研制的“曲尖轨涂油器”获得国家实用新型专利、路局科技进步二等奖，曲尖轨减磨效果达到路内领先水平，目前在全路推广。2015 年研制的“尼龙套热熔取出器”获得路局科技进步三等奖，“冻结接头增力器”“失效胶接绝缘接头快速应急处理装置”“辙叉翻转器”“双开道岔辙叉可调控制器”“T 型螺栓折断加热取出器”“现场胶接绝缘接头增力显扭装置”先后获得路局“四小三法”技术革新优秀成果奖、路局合理化建议和技术改进成果四等奖、北京市金桥工程优秀奖、天津市职工技协优秀奖。作为总公司专业带头人，朱连法所在班组获得“党内优秀品牌”和全国优秀质量管理小组荣誉。本人也多次获得总公司“铁路工匠”、总公司“专业带头人”、总公司“技术能手”、天津市交委“优秀党员”、路局“优秀党员”、路局“先进生产（工作）者”、路局“标准化先进职工”、路局“首席技师”、路局“党员技术能手”等多项荣誉称号。

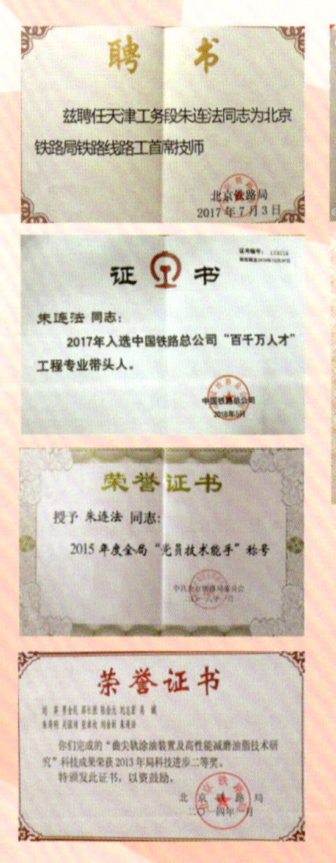

聘　书

兹聘任天津工务段朱连法同志为北京铁路局铁路线路工首席技师

北京铁路局
2017 年 7 月 3 日

证　书

朱连法 同志：

2017年入选中国铁路总公司“百千万人才”工程专业带头人。

中国铁路总公司
2018年5月

荣誉证书

授予 朱连法 同志：

2015 年度全局“党员技术能手”称号

荣誉证书

你们完成的“曲尖轨涂油装置及高性能减磨油脂技术研究”科技成果荣获 2013 年局科技进步二等奖。

特颁发此证书，以资鼓励。

北京铁路局
二〇一四年一月

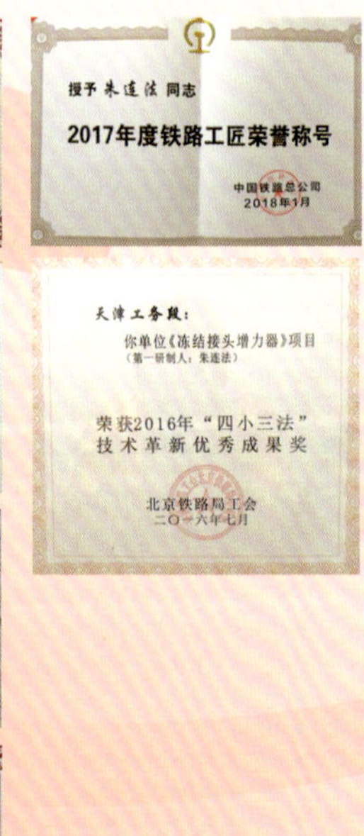

授予 朱连法 同志

2017年度铁路工匠荣誉称号

中国铁路总公司
2018年1月

天津工务段：

你单位《冻结接头增力器》项目
（第一研制人：朱连法）

荣获2016年“四小三法”技术革新优秀成果奖

北京铁路局工会
二〇一六年七月

2011 年	合理化建议和技术改进成果四等奖	路局级
2011 年	实用新型专利	国家级
2013 年	科技进步二等奖	路局级
2015 年	党员技术能手	路局级
2015 年	科技进步三等奖	路局级
2016 年	“四小三法”技术革新优秀成果奖	路局级
2017 年	铁路工匠	总公司级
2017 年	“百千万人才”工程专业带头人	总公司级
2017 年	线路工首席技师	路局级

1. 曲尖轨涂油器

随着列车速度的提高，道岔导曲部分受横向水平力的作用，曲尖轨侧磨快、使用寿命短、维修成本大。针对以上问题，朱连法研制出一种专门用于曲尖轨涂油的装置，利用电子控制自动把油脂涂在尖轨上，使尖轨表面形成一层保护油膜，减少轮缘与尖轨的摩擦系数，延长尖轨使用寿命，经试验验证能延长尖轨 5 倍使用期限，一根尖轨能实际增加 4 万元经济效益。该装置 2011 年 1 月获国家实用新型专利，2012 年 7 月通过北京局科技成果技术审查，达到路内先进水平，2013 年获路局科技进步二等奖。目前已在全路十几个工务段和全国部分城市地铁推广，年累计创造经济效益 500 多万元。

2. 尼龙套热熔取出器

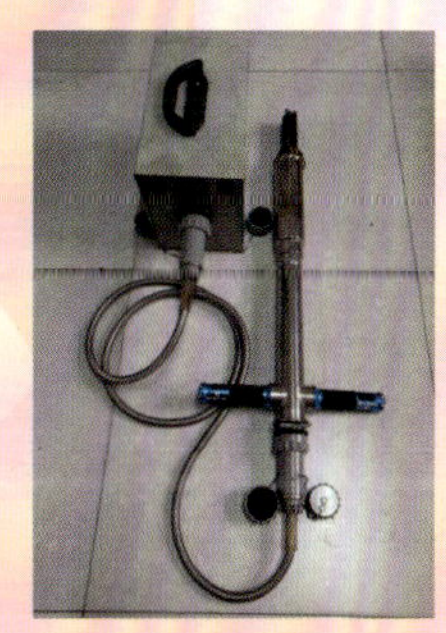

混凝土岔枕在制造时预埋了尼龙套，在使用过程中尼龙套易发生捋扣失效，而且不易取出和更换。如果失效尼龙套不及时整修会直接影响道岔的稳定，严重的还影响行车安全。针对尼龙套失效情况日趋严重且整修费时问题，朱连法提出采用热熔取出器，反拧将尼龙套完整带出。他研制出的尼龙套热熔取出器，现场采用“拆—热—取—装”的流水作业法，更换一个失效尼龙套在 5 min 左右，比原来作业方法提高工效近十倍，并且是完整取出不损坏岔枕。特别是使用 36 V 电压可分离电池组，对作业人员无安全隐患。该成果 2015 年 11 月获路局科技进步三等奖。目前在北京局推广使用，直接创造经济效益 60 多万元。

3. 失效胶接绝缘接头应急处理装置

现场处理胶接绝缘接头绝缘失效、夹板折断的故障，目前普遍采用 1 把氧乙炔割炬把夹板烤热使胶装熔化的方式，一般需要 45 min 左右。为了快速进行应急处理，由朱连法研制的“失效胶接绝缘接头快速应急处理装置”，采用双侧 12 个大号喷嘴加热绝缘夹板，3 min 使夹板表面温度达到 450 ℃，粘接胶快速融化，使夹板与钢轨完全分离拆除，由过去 45 min 压缩到 10 min。经现场多次应用，该装置可有效解决胶接绝缘接头绝缘失效应急处理时间过长、影响列车正常运行的问题，提高了快速应急处理能力，具有广泛的推广应用价值，目前已申报路局科技项目。

硕果累累的铁路创新工匠——张志军

人物

张志军，男，1967 年生，中共党员，大学学历，全路技术能手。1988 年参加工作，现任唐山电务段秦皇岛车间驼峰信号工区工长。

张志军立足本岗，刻苦钻研，提出技改技革，解决了安全、生产、技术等方面的诸多问题，进行了几十项小改、小革、小发明，掌握了本岗丰富的故障处理、设备维护经验和较高技能。他始终扎根一线，精检细修，发挥技能优势，先后参加了天津、唐山电务段三十多个站大修施工，发现并消除了信号机提前关闭信号，轨道绝缘设置不合理特殊车体造成联锁失效等严重设备隐患。《人民铁道》报、《北京铁道报》先后对他的事迹进行了报道，他本人多次在北京铁路局职工“网上家园”访谈现场、北京铁路局党校与广大职工交流互动，并受到一致好评。

2006 ~ 2008 年，张志军先后三次参与 TYWK 系统技术改造，提升了稳定性和安全可靠性，得到了铁道部专家组的认可，技术改进成果已在全路 TYWK 系统推广。2009 年“提升驼峰自动化系统抗干扰能力”等两个技改项目在北京铁路工人技师协会天津工作站进行项目介绍、交流。2016 年，他作为主要研制者研制的“液压油缸检测系统”技术改进项目获路局“科技进步二等奖”，该项目于 2016 年 10 月在河北省铁道学会做项目介绍，相关论文获一等奖。2017 年围绕解决驼峰自动化控制系统道岔非正常断表示问题，他带领高级技师、技师成立工作室，开展攻关、研修、培带工作，与通号设计院、中国铁路设计集团有限公司沟通、交流，完成了课题，解决了设备问题。

张志军针对日常作业维护、故障处理提出了许多“一招灵”式的小妙方，像耳听法判断减速器制动力大小，用金属工具判断电磁阀的好坏，不用压力表判断蓄能器压力，用扳子把检查踏板的安装等等。手摸耳听油管判断减速器油路故障在实践应急中得到了专业厂家技术人员的赞同，电子设备维护、保养、延长模块使用寿命等方法得到厂家认可和推广。发明有源踏板的“动静态测试法”，解决了因表针惯性造成的测试不准确的问题。运用 QC 方法提升质量保安全，2006 ~ 2012 年他撰写的 QC 成果先后获得两个国家级优秀奖，三个省部级优秀奖。

为方便作业，他绘制了电源屏倒屏、测长参数调整、液压油过滤及器件清洗、更换减速器油缸等多种作业流程图。他还撰写了《驼峰故障处理指导书》《12 种单项设备故障处理模板》《驼峰故障处理的经验及技巧》《自动化设备维护故障处理土、新、巧、快招法》等在唐山、天津电务段交流。撰写的《压缩 TYWK 系统故障延时》《TJDY 减速器设备问题及故障判定》《解决自动化设备部分问题》等多篇论文分别在《铁道通信信号》《铁道技术监督》《铁路技师论文集》等出版物上发表；参与了北京铁路局《TJDY 减速器作业标准》的制定和修改工作。

2011 年	全路技术能手	总公司级
2013 年	先进生产（工作）者	路局级
2015 年	建功立业先进个人	路局级
2016 年	京铁工匠	路局级
2016 年	科技进步二等奖	路局级
2017 年	优秀共产党员标兵	路局级
2017 年	铁路工匠	总公司级

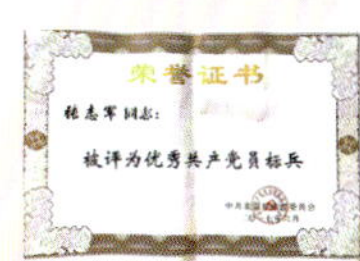

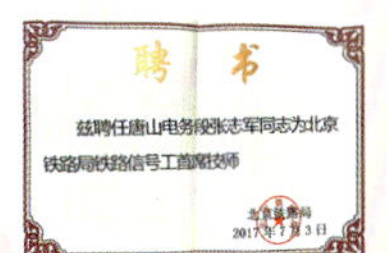

1. 液压油缸检测系统

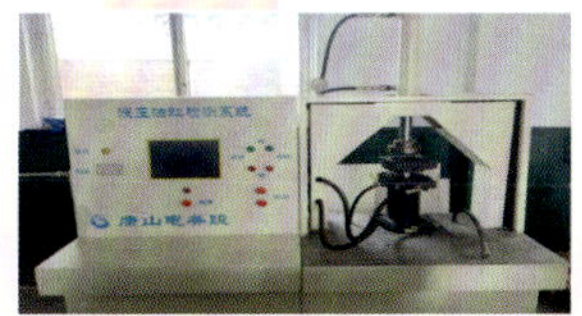

该系统集驼峰减速器液压油缸的拆卸、维护、组装、测试等多项功能于一体，能够快速有效地解决缸体内部维护和油封不良问题。每台液压油缸的检测仅需 30 min，大大提高了工作效率，为控速设备提供安全保障，比返厂维修每台可节约费用 2000 多元，仅唐山电务段每年可节约 50 万元。开拓市场，推广运用于电务多种类型液压减速器、车务停车器油缸，路内、路外类似液压油缸的拆装、维护、测试、故障检测，液压转辙机的测试等，可创利创收，实现了驼峰液压油缸的自主维护，开辟了厂家以外维护减速器油缸的先河。该成果被评为 2016 年度北京铁路局“科技进步二等奖”，并被列为推广项目。

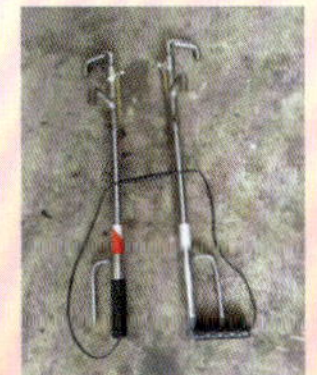

2. 多功能轨道电路分路装置

多功能轨道电路分路装置用于电务轨道电路分路残压测试或分路不良残压测试。振动转换开关可运用于多种不同制式的轨道电路，解决了老式轨道电路分路装置性能单一，只专用于某一特定轨道电路，且遇到轨面生锈的要用锉刀等工具打磨轨面的问题。该装置不用除锈处理，应用于新开站、工务换轨处、分路不良区段多的站场，可使工作效率提高 10 倍以上。该装置还可用于 WG-Z 型电子轨道电路室外短路、断路故障的判断查找和驼峰测长参数调整试验。

3. 驼峰减速器液压油过滤装置

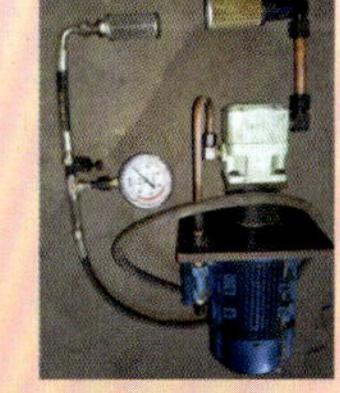

该装置过滤快速，不影响设备性能，运用透析原理，通过外部循环对减速器油缸、油箱内液压油循环多重过滤，解决驼峰减速器由于工作环境差油路易污染，从而损伤液压器件、减少设备使用寿命、设备故障频发的问题。同时由于减速器每台使用油量约 40 kg，通过过滤比更换新液压油每台可节约 1000 元左右。

4. 轨道电路测长故障诊断装置

该装置既能单独用于室内设备，又能用于室外设备，还可与轨道盒、测长盒配套使用，解决电子设备故障难判断、难查找、延时长问题，能快速准确区分 WG-Z2、WG-Z1、WCG-Z 等多种电子轨道和测长设备室内室外、钢轨部分、电务器材、电子元件故障，不用看图纸，大幅压缩故障延时。

创新之星

天津动车客车段的获奖状元——张奎

人物

张奎，男，1962 年生，专科学历，全路技术能手。1981 年 12 月参加工作，现任天津动车客车段站检车间高级技师。

张奎自聘任高级技师以来，先后发表两篇论文，研制的快速检修工具获得路局技术比武二等奖，利用自己的特长培养了几十名年轻的技术能手，每年带队参加路局和总公司的技术比武并取得了优异的成绩。在日常工作中，他处处起到技术带头作用，研制开发了多种快速抢修工具，编写了《职工应知应会》《客车应急故障处理》等手册，为确保列车安全正点运行做出了贡献。2015 年初提出电器控制柜除尘问题得到单位的认可，并参与了移动式负压电器控制柜除尘装置开发与研制工作，此外还参与了发电车监控报警无线传输系统、移动式直流 600 V 移动电源车、移动式设备检查仪、实时同步录入监控系统等科研项目攻关。

荣誉

2011 年	合理化建议和技术改进成果一等奖	路局级
2012 年	安全公关技术能手	路局级
2013 年	合理化建议和技术改进成果二等奖	路局级
2014 年	合理化建议和技术改进成果一等奖	路局级
2015 年	全路技术能手	总公司级
2016 年	客车检车员首席技师	路局级

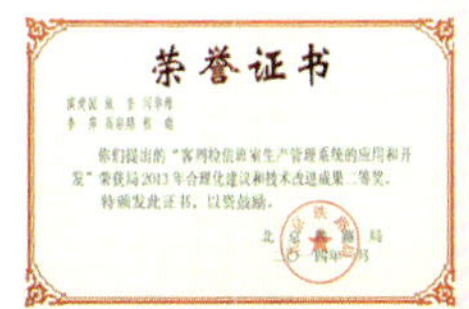
荣誉证书
你们提出的“客列检信息室生产管理系统的应用和开发”荣获局2013年合理化建议和技术改进成果二等奖。
特颁发此证书，以资鼓励。
北京铁路局

荣誉证书
张奎 同志：
在2012年“万名技师心系安全”活动中，积极响应技师协会号召，安全技术攻关成绩显著，特授予
安全攻关技术能手 称号。
2012年12月

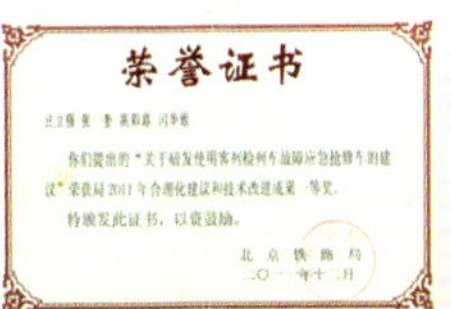
荣誉证书
你们提出的“关于研发使用客列检列车故障应急处理车的建议”荣获局2011年合理化建议和技术改进成果一等奖。
特颁发此证书，以资鼓励。
北京铁路局
二〇一一年十二月

荣誉证书
张奎 同志：
在2012年“万名技师心系安全”活动中，积极响应技师协会号召，安全技术攻关成绩显著，特授予
安全攻关技术能手 称号。
2012年12月

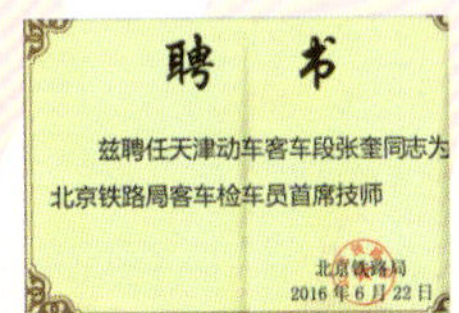
聘　书
兹聘任天津动车客车段张奎同志为
北京铁路局客车检车员首席技师
北京铁路局
2016年6月22日

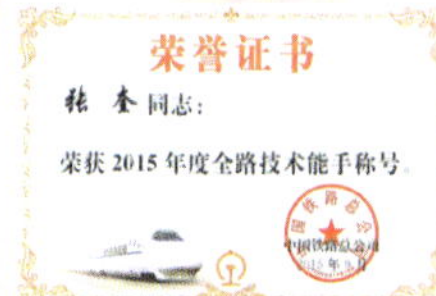
荣誉证书
张　奎 同志：
荣获2015年度全路技术能手称号。

智慧铁路客运车地联控平台

（1）一体化信息集成平台建设

张奎及其团队完成车地联控应用集成平台的初步建设，基于应用集成平台完成统一开发推广的紧耦合应用间的集成；制定相应的集成技术标准，建立集成实施管理小组，协调业务应用的建设；建设统一开发推广的松耦合应用与紧耦合应用的集成，以及部分核心业务的集成，扩大跨业务部门协作的自动化能力。

（2）紧耦合应用业务流程的优化和整合

进一步深化应用集成平台的建设，完成紧耦合应用等核心业务应用系统的集成，全面提高生产运营及企业管理的协作能力及协作效率。引入面向业务流程的管理，通过优化业务流程，提高核心应用系统间的协作能力，提高生产运营及企业管理总体效率。

（3）乘务作业提醒与监控管理

根据列车运行图表的车站、时间、车厢设备点设计作业管理，以客车运行交通干线和车站为纽带，以车站站点和车厢设施为重点，通过智能的近场通信 NFC、射频识别、GPS、摄像头、Wi-Fi 等传感设备，将客运车辆、设备设施、巡检资源（乘务人员、仪器仪表）、运维作业终端与移动互联网相连接，提供客车运行的安全可控的在线监测、定位追溯、故障报警、调度指挥、安全防范管理，实现对轨道列车的“高效、节能、安全、环保”的“管、控、营”一体化。

创新之星

立足本职、潜心钻研的京铁工匠——刘福海

人物

刘福海，男，1965 年生，中共党员，大专学历，京铁工匠。1984 年 7 月参加工作，现为唐山站客运车间保洁班组客运服务岗工人技师。

默默奉献、谦虚朴素、诚恳平凡是刘福海给人的第一印象。在成绩的背后，是他对科技创新不懈的追求、不挠的韧劲儿、不计其数的辛勤付出。刘福海立足于平凡的客运服务岗位，在干好本职工作的基础上，发挥个人兴趣爱好和特长，牺牲大量个人休息时间潜心钻研，积极投身到车站技术创新工作中，在客运设备保洁、维修、自主创新等领域做出了突出的贡献，取得了丰硕的成果，通过实际行动为技术工人树立了榜样，发挥了高技能人才的模范引领作用。刘福海在工作实践中发现，因服务设备设施空缺及功能不完善的缺陷，导致服务质量低效问题十分突出，甚至严重制约着工作效率、消耗着大量的成本、影响着运输安全。在车站领导的大力支持和引导下，他开始了设备设施的技术研制创新工作。先后自主完成了“自动扶梯清洗机”“扶梯扶手带清洁夹具”“新型垃圾箱” “扶梯清洁器” “液态融雪剂喷洒机” “干粉融雪剂播撒机” “站台设备防溜移安全装置” “座椅位移器”等 10 余项客运服务设备设施的研发。其中“自动扶梯清洗机”于 2016 年 5 月获得国家实用新型专利。2016 年，刘福海入选北京铁路局“创新领军人物 20 名候选人”。2017 年 2 月 8 日，刘福海接受中央电视台的采访，并在 2017 年春运期间央视新闻联播中播发。他作为一名技师，在本职工作和研制创新中始终追求高标准、精益求精的工作理念，对研制的设备设施不断进行功能优化，用工匠精神始终激励着自己在科技创新道路上不懈前进。

荣誉

2015 年	标准化先进职工	路局级
2016 年	实用新型专利	国家级
2016 年	京铁工匠	路局级
2016 年	百名创新明星	路局级
2017 年	“最美京铁人”道德模范提名奖	路局级

荣誉证书

刘福海 任 斌 刘曙山 刘桂华
闫 辉 崔玉书 吴明辉

你们提出的"扶梯扶手带清洁夹具"荣获局2016年合理化建议和技术改进成果三等奖。

特颁发此证书，以资鼓励。

北京铁路局
二〇一六年十一月

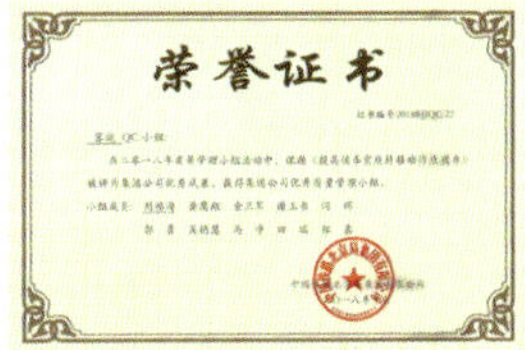
荣誉证书

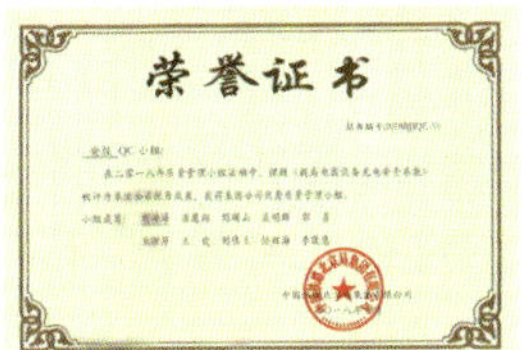
荣誉证书

荣誉证书

刘福海同志：

被评为2015年度

标准化先进职工

二〇一六年

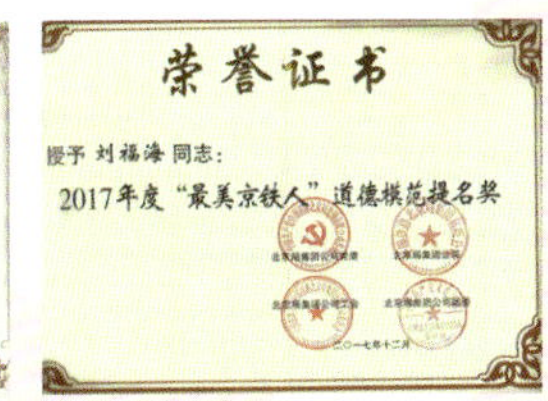
荣誉证书

授予 刘福海 同志：

2017年度"最美京铁人"道德模范提名奖

二〇一七年十二月

成果

1. 干粉融雪剂播撒机

干粉融雪剂播撒机采用链条传动原理，通过主驱动轮对播撒轴的同步传动，完成播撒机对干粉融雪剂均匀、快速的播撒作业，实现快速清雪除冰作业，解决冬季冰雪问题给铁路客运站旅客出行带来的不便，快速消除对铁路运输安全的严重影响。该装置节省用工，融雪速度快，作业面积大，减轻了作业人员劳动强度，每年可节省用工成本20余万元。

2. 垃圾箱改造

刘福海自主设计改进后的垃圾箱，箱盖采用自动回位定位结构实现实时关闭，内筒采用底轮滑道可外移清空作业。该垃圾箱解决了因箱盖不能实时关闭垃圾异味外散，抛掷垃圾物外洒，内桶垃圾清空作业不便和箱体内部清洁不便的问题，为旅客提供温馨舒适的候车环境。改进后的垃圾箱提高了作业效率，年节省工时成本约2万元，可广泛应用于铁路候车厅等社会公共场所。

3. 手扶电梯踏板平面清洁装置

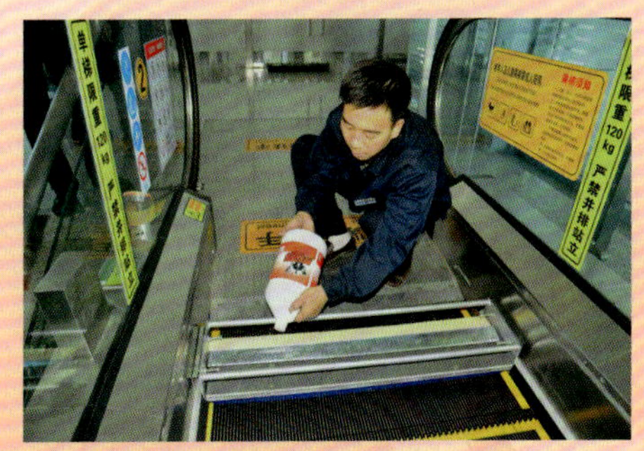

刘福海2016年5月自主研制完成的手扶电梯踏板平面清洁装置，采用清洁装置与踏板平面位置定位稳固，依托手扶电梯踏板自动运转实现毛刷对踏板槽、海绵对踏板梁面的同步清洁作业，解决了手扶电梯踏板平面清洁工作中存在的人工作业依赖性强、耗费工时长、人员需求数量多、劳动强度大、洁净效果提升慢等一系列问题。该装置于2016年6月获国家实用新型专利，通过对唐山站70部手扶电梯使用电梯踏板平面清洁装置作业测算，每年可节约用工成本约110万元。

创新之星

执念匠心　精工济路——宣博

人物

宣博，男，1975 年生，中共党员，大专学历，路局首席技师。1995 年参加工作，现任唐山机务段秦皇岛运用车间机车乘务员，高级技师。

宣博自 1995 年北京铁路机械学校毕业后，始终坚守在铁路运输生产的第一线，他用 24 年的时间诠释了一个铁路人应有的奉献精神。工作中，他始终秉承“把重复的工作做好，我就是行家”的工作理念；践行“以一万的努力，防止万一的发生”的工作作风；追求“精雕细琢、精益求精”的工匠精神；积极争做“首善之局”“执念匠心、精工济路”的先锋。在唐山机务段大面积承接客车期间，他勇于站在最前面，起到了中流砥柱作用，充分发挥自己的技术优势，先后在各类学术期刊上发表论文 4 篇。2015 年，针对 HXD3C 型电力机车，牵引双管供风的旅客列车遇低速过分相时，常因车辆辅助系统用风量过大，造成机车总风缸风压不足，进而导致列车产生自然制动，甚至会造成停在分相内的行车事故，宣博提出了改进意见，并撰写了《HXD3C 型电力机车 CCB-Ⅱ制动机风源系统管路改进的设想》一文，发表于《铁道机车与动车》第 8 期。在京津冀打响蓝天保卫战期间，他又毫不犹豫地带领本班组 10 名成员承担曹妃甸南站调车机牵引任务，勇挑“矿石公转铁”重担。他的专访《穿伏越暑促增量》刊登于《北京铁道报》2018 年 8 月 30 日头版。

荣誉

2013 年	先进生产（工作）者	路局级
2013 年	发现和防止安全重大隐患个人记功	路局级
2015 年	优秀论文评审二等奖	路局级
2016 年	优秀论文评审三等奖	路局级
2017 年	内燃机车司机首席技师	路局级
2017 年	“毛泽东号”司机	路局级
2017 年	京铁工匠	路局级

聘　书

兹聘任唐山机务段宣博同志为北京铁路局内燃机车司机首席技师

北京铁路局
2017年7月3日

荣誉证书

授予：宣　博同志

2017年度“毛泽东号”司机

二〇一七年十月

荣誉证书

证书编号:2015010478

宣博 同志:

您撰写的论文《HXD3C型机车CCB-II制动机风源系统管路改进的设想》获 2015 年上半年北京铁路局优秀论文评审二等奖

北京铁路局
二〇一五年七月

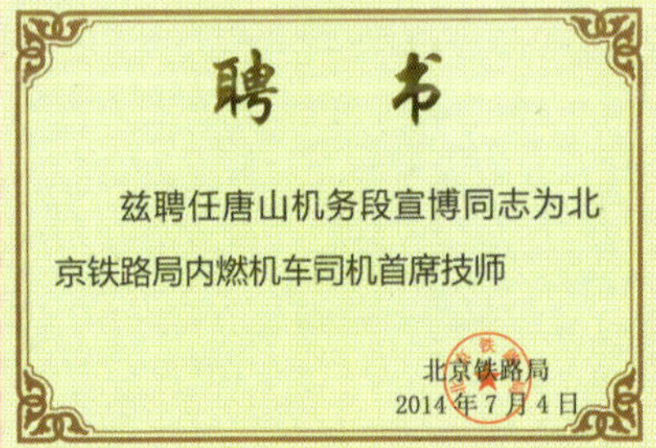
聘　书

兹聘任唐山机务段宣博同志为北京铁路局内燃机车司机首席技师

北京铁路局
2014年7月4日

创新之星

革新路上勤于探索的高级技师——龚会强

人物

龚会强，男，1972年生，中专学历，路局首席技师。1991年参加工作，现任唐山电务段唐山西车间丰润西信号工区工长，高级技师。

作为一名来自基层的技术工人，龚会强已从事信号专业检修工作28年，酷爱本职工作，技能水平高超，参加过大小数十次施工，有着丰富的施工经验。在维修车间工作时，他精检细修，利用先进的巡视方法，配合微机监测系统，发现并处理了多起处于“萌芽”状态的设备故障，保障了行车设备安全。他在日常的工作中攻坚克难，积累了大量丰富施工经验，练就了多项绝活，自我作业质量要求苛刻，工艺水准高，积极改善作业条件，改进工艺标准，致力于技术创新，研发出多种实用新型作业工具。其中电缆快速切割剥皮钳的发明，大大加快了电缆成端预制速度，大幅提高工艺标准，减轻劳动强度，结束铁路信号处理电缆成端使用手锯的历史。其发明的电缆接续架，由传统的三人做一个成端减少为单人作业，节省大量的人力，保证了工艺质量，提高了一次成功率。其发明的通用道岔试验箱轻便小巧，可靠耐用，整合了四线制和五线制道岔启动表示电功能，适用于目前路内大多数型号道岔施工室外扳动、校核试验等等。这些先进作业方法的投入使用，节省人力、工时，节省了材料支出，降低了施工作业成本，创造较大的经济价值，近年有多项成果在路局科技创新评比中获奖，并被路局及总公司连续授予“高技能人才”“首席技师”“京铁工匠”“全路技术能手”等荣誉称号，为其他工人树立了榜样。他无私传授自己的技能和经验，带动了一大批工人学习技能，用其座右铭“基层是一片沃土，科技创新的种子播撒在这里，用辛勤和智慧汗水浇灌它，就一定能结出丰硕的果实”来时刻激励自己。

荣誉

2009 年	合理化建议和技术改进成果三等奖	路局级
2015 年	先进生产（工作）者	路局级
2015 年	全路技术能手	总公司级
2016 年	信号工首席技师	路局级

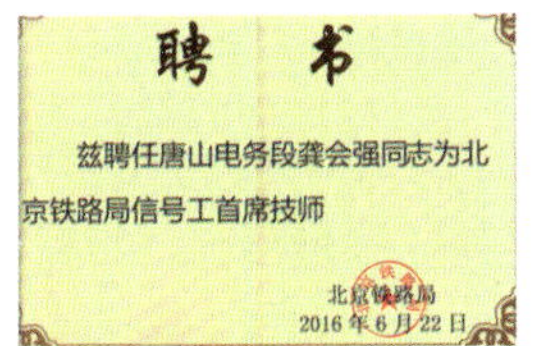
聘　书

兹聘任唐山电务段龚会强同志为北京铁路局信号工首席技师

北京铁路局
2016 年 6 月 22 日

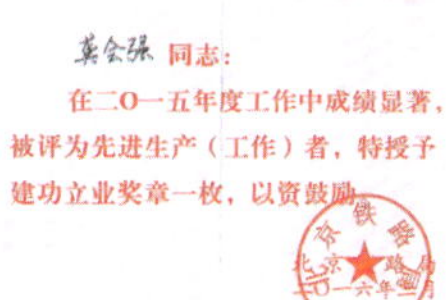
龚会强 同志：

在二O一五年度工作中成绩显著，被评为先进生产（工作）者，特授予建功立业奖章一枚，以资鼓励。

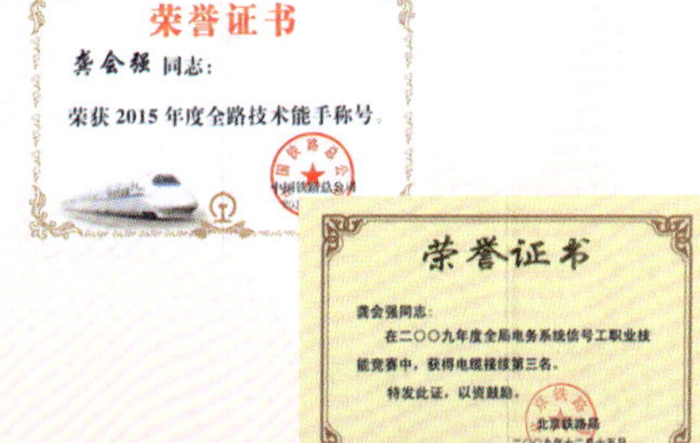
荣誉证书

龚会强 同志：

荣获 2015 年度全路技术能手称号。

荣誉证书

龚会强同志：

在二〇〇九年度全局电务系统信号工职业技能竞赛中，获得电缆接续第三名。

特发此证，以资鼓励。

北京铁路局
二〇〇九年十二月十五日

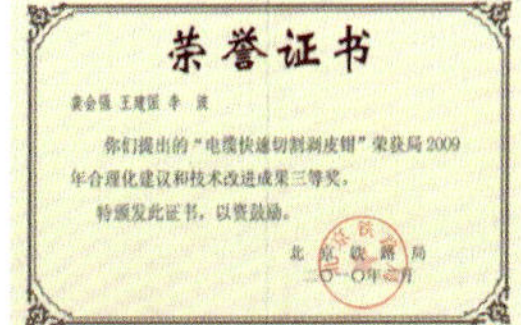
荣誉证书

龚会强 王建国 李 波

你们提出的“电缆快速切割剥皮钳”荣获局 2009 年合理化建议和技术改进成果三等奖。

特颁发此证书，以资鼓励。

北 京 铁 路 局

成果

1. 电缆切割剥皮钳

此工具运用铰接原理，齿轮带动齿条运动 ，采用高速工具钢锯片。这种工具的研制成功改变了传统电缆成端作业方法，由原来使用手锯处理一个成端用约 10 min 减少到 2 min 左右，工艺质量好，避免了多种工具互换，提高了效率，此工具获得了国家实用新型专利，并获得路局“科技创新三等奖”。

2. 便携式电缆接续架

此工具利用齿轮驱动齿条并增加卡止装置，用卡头卡住两端的电缆，拉近两个电缆端的距离到合适距离并固定，操作完后打开卡头即可卸下工具。此种工具的运用由传统的三人作业减少为单人作业，节省了大量的人力，保证了工艺质量，保证了一次成功率。目前，该电缆接续架在电缆接续作业过程中已经得到了广泛的应用，而且电缆快速切割剥皮钳和电缆接续架可配套使用，形成一整套的电缆接续工具，此电缆接续架获得路局“科技创新优秀奖”。

3. 通用道岔试验箱

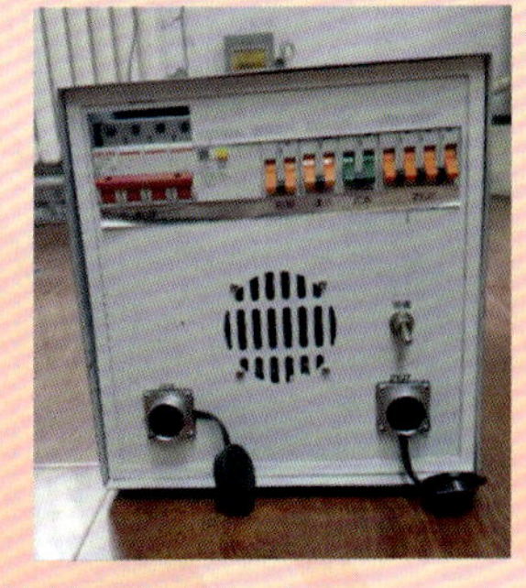

此试验箱采用两个交流接触器，运用三相电机改变任意两相电即可改变电机转向原理，加装电源保护装置、整流装置，完全模拟室内道岔组合条件，在室外与道岔直接连接就能控制转换道岔，并能给出道岔表示。此试验箱不但适用于四线制道岔，还适用于五线制道岔，可在施工开通前完成对道岔的完整调试，及时发现道岔设备存在的配线错误、混线、断线，以及油路、机械部分的故障，大大减少了点内道岔调试的工作量，确保点内道岔设备顺利开通，此试验箱获得路局＂科技创新优秀奖＂。

创新之星

匠人匠心——魏宏明

人物

魏宏明，男，1974 年生 ，大专学历，路局首席技师。1991 年 12 月参加工作，现任天津建筑段综合技术科验收组业务指导，高级技师。

魏宏明参加工作以来一直从事电工职业，凭着对本职工作的热爱，执着传承铁路工人一丝不苟、精益求精的工作精神，敬畏岗位、立诺践信，用匠心打磨工作精品。他始终把技术提升和创新作为自己努力方向，工作中注重发挥高级技师的技术带头作用，在工友支持配合下，攻克一个又一个技术难题，以过硬的业务能力及务实的工作作风得到了领导及同事们的认可。他曾先后获得路局“技术比武房建维修组第一名”“技术能手”“先进生产（工作）者”等路局级、段级荣誉 12 个。在工作实践中，他摸索出处理故障“三查”法：在熟悉现场设备的情况下，先查电源侧，再查输出端，最后检查中间控制部分。2012 年秦皇岛火车站中央空调系统刚刚投入运行，他通过自学在短时间内达到了能够自行处理 PLC 通信故障、变频器故障、自动控制系统故障等，能够独立完成空调系统的调试并设定最理想的工作模式，保证空调高效稳定运行。期间共解决技术难题 5 个，排查安全隐患 26 个，很多厂家解决不了的棘手问题在他的带领下完成攻关。2013 年沧州集中供热锅炉房发生多达十几块设备仪表损坏现象，他带领技术小组，仔细逐一查找故障点，通过认真查找排查出了传感器故障、电线路故障、数显仪故障等 19 项，顺利解决了两年来的技术难题。2016 年 10 月，昌黎锅炉房更换油炉时，发生了燃烧机无法正常工作的故障，距离供暖期仅剩 3 天时间，他连续工作 24 小时，进行不间断故障排查，共排查了燃烧机电源故障、排烟温度传感器故障、大小 TR 控制故障等 9 项。他还擅长通过电话指导解决技术难题。2017 年冬季供暖期间，仅生物质锅炉变频风机故障，用电话就处理了十几次。2018 年，德州站新建开通运行，中央空调系统螺杆机组经常出现跳闸情况，维保单位几次查不出故障原因，他通过现场摸排，并与厂家沟通，带领车间技术人员找到了故障原因，排除了隐患。

2013 年	技术能手	路局级
2013 年	先进生产（工作）者	路局级
2013 年	“安康杯”竞赛先进个人	路局级
2013 年	“火车头”奖章	总公司级
2014 年	先进生产（工作）者	路局级
2014 年	电工首席技师	路局级
2017 年	京铁工匠	路局级

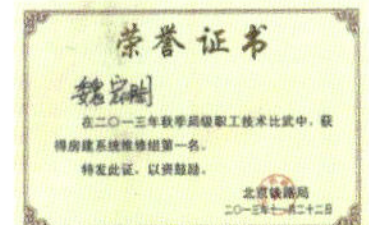

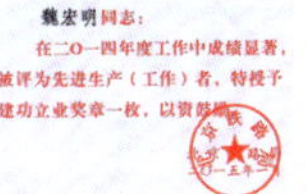

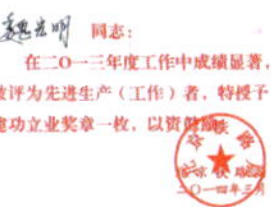

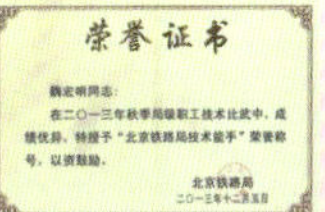

1. 锅炉房补水系统改造

2010 年魏宏明参加抚宁车站锅炉房补水系统改造时，车间接受其建议将原来的电接点压力表改成恒压变频补水，从而使供水系统压力稳定，提高了供暖效果。通过对三垦变频器工作原理及使用的研究，提出了使用三垦变频器，而三垦变频器的 PID 工作模式，不具备一拖二的功能，而厂家都是采用加装供水基版 SWS，来控制恒压供水，供水基版最多可拖动 7 台补水泵。他通过研究并与厂家进行充分沟通的基础上，采用一用一备的工作模式，放弃了供水基版，控制补水泵恒压供水，设定 PID 工作模式，根据 CD029 调节压力值，供调节程序简单化，为车间节省费用 5000 余元，并且达到处理故障快捷、简便的效果。

2. 110 kW 循环泵改造

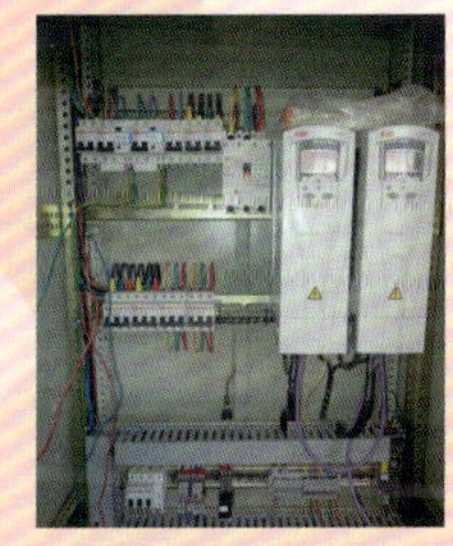

2011 年他带领电工班对 110 kW 循环泵进行改造，将原配电柜所有设备拆除，只保留配电柜外壳。如果按照原定计划使用变频器启动，由于循环水系统没有恒压装置，变频器只起到了启动的作用且成本较高；如果采用软启动装置不仅大大降低了成本而且配线比较简单，电机启动电流冲击小，保护装置也很完善，运行稳定可靠，完全达到了使用变频器的效果。

3. 远程监控系统的设计及联调联试

2015 年，魏宏明组织并参与路局大型改燃工程宜白路 80 t、王串场 60 t 大型燃气锅炉房自动化控制系统的技术课题，负责远程监控系统的设计及联调联试。具有远程监控功能的换热站自动控制系统采用 S7-200 CPU226PLC 和 ABB ACS510 变频器调节循环泵的输出流量达到了调节温度的目的，提高了控制精度，温度控制偏差小于 ±2 ℃，更重要的是节约了能源，降低了供热设施的运行费，节电达到 35%以上，使换热站做到既经济运行又保证供热质量，达到最佳工况；运用 SINAUT MD 720-3 GPRS 模块无线传输数据，用 GPRS 可无线连接通信接口，快速、简单。通过持久在线监督，可监控数千千米以外的应用，可以实时快速地将换热站现场数据发送到远程监控中心，实现供热运行的动态跟踪监控，实时诊断供热运行的隐患，使供热安全、正常和节能地运行，做到了通信费用的减少与换热站的无人值守。

创新之星

创新的追梦人——刘伟

人物

刘伟，男，1966年生，路局“转创增”十大典型人物。1990年12月参加工作，现任天津工务段南一线路车间维修工区班长，高级技师。

随着铁路的快速发展，高速、重载已成为铁路运输的大方向，同时对线路状态和质量的要求也随之提高。列车的高速重载，增大了对线路的冲击力和破坏力，使线路的几何尺寸和稳定性都很难保持。这就给线路的养护工作带来了很大的困难。南一线路车间管内有京沪线、津山线、北环线以及南仓下行编组站，设备结构复杂老化，车辆密度大，线岔磨损严重。刘伟带领维修工队焊补打磨组，对线路的低接头、辙叉肥边进行焊补和打磨，在工作中积累了不少经验，总结了一整套的线岔焊补、打磨的质量标准和作业技术流程。职教科每年都会组织工班长和青年职工学员到南一车间进行现场技术培训，刘伟会把线岔病害的分析和整治的技术经验毫无保留地传授给大家，把技能技术转化成通俗易懂的形式，让大家听得懂、学得会，使学员的技能水平得到大幅度的提升。1996年开始，刘伟参与技改、QC成果、科技创新等项目，获得过路局、分局、段等多项荣誉；近年来带头研制的“磁座式无极调速钢轨钻孔机”“干式涂油小车”“液压破切钳”“内燃锚固机”等项目，解决了生产当中的难题，提升了生产效率，其中多项成果被申报为路局优秀科研成果。

刘伟经常坦言自己只是一名平凡的养路工，但是他却比常人多了一个坚定的铁路梦，那种一如既往地去追求实现他坚持的梦想，不断为铁路发展做出应有的贡献。他也坚信在铁路创新发展的大潮中，工务人一定会砥砺前行，用智慧和才干为铁路安全保驾护航。

荣誉

2015 年	合理化建议和技术改进成果三等奖	路局级
2015 年	“四小三法”技术革新优秀成果奖	路局级
2015 年	“转创增”十大典型人物	路局级
2016 年	“四小三法”技术革新优秀成果奖	路局级
2016 年	合理化建议和技术改进成果二等奖	路局级

荣誉证书

你们提出的“自动感应立柱螺栓涂油机”荣获局2016年合理化建议和技术改进成果二等奖。

特颁发此证书，以资鼓励。

北京铁路局

二〇一六年十一月

天津工务段：

你单位《研制螺栓立柱涂油小车》项目

（第一研制人：刘伟）

荣获2016年“四小三法”技术革新优秀成果奖

北京铁路局工会

二〇一六年七月

荣誉证书

你们提出的“钢轨吊装机”荣获局2016年合理化建议和技术改进成果二等奖。

特颁发此证书，以资鼓励。

北京铁路局

二〇一六年十一月

成果

1. 钢轨吊装机

由于铁路高速重载的向前发展，对线路的冲击和破坏力也随之加大，同时也加快了线路设备的磨损。在更换钢轨、辙叉、尖轨等维修作业中，由于全部是人工作业，经常出现人员扭伤砸伤的人身安全问题。针对这一问题，刘伟与南一线路车间职工结合现场实际，经过反复试验研究，研制了钢轨吊装机，有效地解决了以往更换设备作业人拉肩扛的难题。

2. 自动感应立柱涂油机

螺栓涂油作业是对铁路设备养护的重要手段，是铁路设备良好运营的重要保障，也是沿线养护工区日常作业项目之一。随着现代化铁路高速发展，有限的天窗作业，对工务系统提出了新的考验和新的要求，在保证设备质量的前提下，提高工作效率以及质量水平成为工务系统首要问题。当前工务系统正由人工化向着小型机械化以及大型机械化发展，在这一背景下，刘伟带领车间同事开发了自动感应立柱涂油机，该成果显著地节省了劳动力和维修时间，更重要的是为提升作业质量和设备质量打下了坚实基础，确保线路行车安全。

技改能手——袁肖利

人物

袁肖利，男，1963 年生，高中学历，电机检修工高级技师。1982 年 7 月参加工作，现任天津车辆段唐山设备车间电工组工长，高级技师。

袁肖利参加工作以来，一直致力于铁路车辆的设备维修工作，为解决维修中设备技术难题和改进、改造设备做出卓越贡献。在铁路运输“高、密、重”并举的新形势下，他从事检修车辆的关键设备（各类探伤设备、120 阀检测设备），大力开展“四小三法”的科技创新工作，开展技改技革项目 12 项，其中 9 项获得段级奖项，如：轴承诊断仪的电路改造、120 阀试验台继电器转换电路板的改造。

2009 年	铁路技师论文优秀奖	路局级
2016 年	“四小三法”技术革新优秀成果奖	路局级
2017 年	优秀质量管理成果奖	路局级

天津车辆段：
你单位《微机超声波探伤机喷液阀改进》项目
（第一研制人：袁肖利）
荣获2016年“四小三法”技术革新优秀成果奖
北京铁路局工会
二〇一六年七月

1. 120 阀试验台的改进

原 120 阀试验台驱动继电器板设计不合理，DC/DC 转换板块容量小，易被烧坏，临修故障率偏高。改进后，用一个直流开关电源代替，未再发生类似故障。

2. 微控超声波探伤机的改进

探头在进行轴承探伤时，必须喷洒耦合液，使探头与轴身用耦合液隔绝空气进行探伤作业，喷洒耦合液用 2 个电磁阀来控制，经常发生耦合液因电磁阀内部堵塞造成不喷液的故障。经现场研究，把 2 个口径小的电磁阀换成 1 个口径大的电磁阀来控制喷液，取得了很好的效果。

3. 轴承诊断仪的恢复改进

原轴承诊断仪由于故障频发曾一度被停用，在他的主导维修下，经过现场反复试验、调试，对诊断仪内部电气设备控制部分进行了大的“手术”，使设备能够投入正常使用。

4. 荧光磁粉探伤机的改进

冬季天气寒冷，内外温差大，轮对进入探伤机喷洒磁悬液时，由于其表面温度低，在轴身表面容易结冰，导致短时间内探伤工作无法正常进行。把液箱内加装一组电加热装置，用数显温控器控制箱内的温度，自动将温度控制在 40~50 ℃之间，能够很快地融化掉轴身表面的冰膜。

创新之星

善于钻研的技改能手——朱楠

人物

朱楠，男，1963年生，中共党员，中专学历，路局技术革新标兵。1983年8月参加工作，现为天津车辆段车轮车间维修班工长，高级技师。

朱楠主要负责车间各设备机械部分的保养与维修工作，30多年来，经他手维修过的设备不计其数，为生产的持续稳定提供了有力保障。他作为党员职工，时刻牢记打铁还需自身硬的道理，不断学习，不断进步，始终坚持把工作做到极致，从不放过任何细节，对于车间各仪器设备的状态了如指掌，因此遇设备故障时每次都能准确地抓住问题的根源所在，及时处理。凭借自身技术业务精、处理问题能力强、模范作用发挥明显，他在2013年被聘为了高级技师，2014年被评为路局技改技革标兵，2015年被评为段级优秀共产党员。作为经验丰富的老职工，比起出现故障再去解决，他更喜欢追求创新，主动攻关，总是利用工余时间到现场调研，积极挖掘设备潜在的隐患问题，仔细分析，通过技改技革等手段防患于未然。2012年至今，他所攻关的技改技革课题已有近20项，2015年获段优秀成果一等奖1项，二等奖1项，三等奖1项，其中轴承外圈牙口沟槽深度检测仪还获得了路局“合理化建议和技术改进成果三等奖”。2015年完成注油机改造的课题同样极具代表性，不仅大大提高了工作效率，而且有效地促进了一般检修班组产值的增长，仅2016年一季度产值增长近40万元。2018年上半年完成的技改技革项目获得段优秀成果一等奖1项，三等奖1项。2018年完成的轴承外圈磕碰伤检测装置获得路局“质量管理优秀成果奖”。

2014 年	技术革新标兵	路局级
2015 年	优秀共产党员	站段级
2015 年	合理化建议和技术改进成果三等奖	路局级
2017 年	津辆工匠	站段级
2018 年	质量管理优秀成果奖	路局级

荣誉证书

朱 楠 同志：

被评为优秀共产党员

中共天津车辆段委员会

荣誉证书

朱楠 同志：

荣获2017年“津辆工匠”荣誉称号

荣誉证书

你们提出的“一般修轴承牙口沟槽深度检测装置”荣获局2015年合理化建议和技术改进成果三等奖。

特颁发此证书，以资鼓励。

1. 改造轴承轴向游隙检测仪的探头装置

由朱楠改造的轴承轴向游隙检测仪的探头装置，至今已一般检修轴承10万余套，未出现过测量偏差，保证了轴承一般检修质量，节约设备维修费用4万余元。

2. 改造轴承密封座压装机

朱楠通过将密封座压装胎具与设备拼装至一起，来改造轴承密封座压装机，大大降低了职工劳动强度，也降低了安全风险。

3. 研制轴承外圈牙口沟槽深度检测仪

朱楠研制的轴承外圈牙口沟槽深度检测仪，弥补了轴承外圈牙口沟槽无检测手段的空白，进一步提高了一般检修轴承的质量卡控，避免了手感检查的不稳定性。

4. 改造轴承清洗机

朱楠通过向轴承清洗机内安装加热装置来改造轴承清洗机，使轴承清洗剂常年保持恒温状态，提高轴承清洗质量。

5. 研制轴承外圈磕碰伤检测装置

朱楠研制的轴承外圈磕碰伤检测装置，通过对校检之后的轴承进行模拟压装后状态的转动检查，判定轴承是否仍然存在磕碰伤，对轴承磕碰伤处理质量进行二次卡控，进一步对一般检修轴承质量进行卡控。

创新之星

旅客列车的安全守护神——王志强

王志强，男，1969 年生，高中学历，路局安全攻关技术能手。1988 年 11 月参加工作，现任天津动车客车段站检车间客车检车员，高级技师。

王志强入路 30 多年来一直在一线岗位工作，现负责天津站到达、始发、站折、列车技术检修工作。他作为站检车间的一名班组长，日常工作很忙碌，最关键的是需要时刻盯控和掌握现场的实际情况，当班组发现问题情况及故障时，他能头脑清醒，思绪清晰，理顺事情的来龙去脉，分析是车辆故障还是其他因素造成的情况，从而妥善应对和处理。业务的强弱往往影响处理的结果，直接关系到故障处理的成败。王志强认为，技能素质决定了作业质量，而作业质量决定了安全生产，二者是相对统一的互不可缺的东西。在日常的工作中他更是精心组织，合理布置，保证列车的安全及正点。

荣誉

2010 年	先进生产（工作）者	路局级
2012 年	安全攻关技术能手	路局级

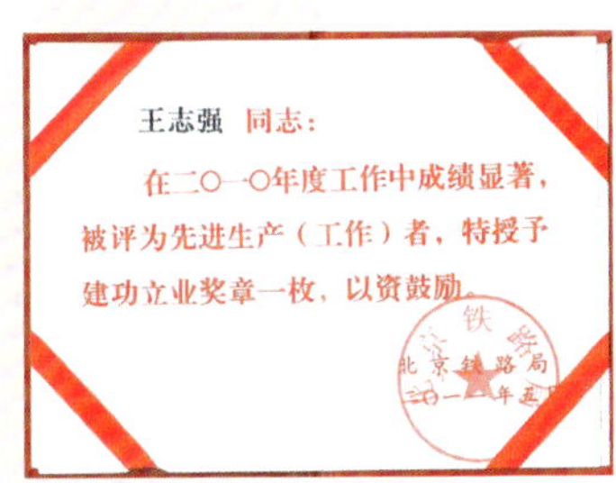

王志强 同志：

在二〇一〇年度工作中成绩显著，被评为先进生产（工作）者，特授予建功立业奖章一枚，以资鼓励。

北京铁路局

成果

1. 电子防盗止轮器

止轮器是针对铁路运输机车、车辆在停靠时轮对防溜滑的专用装置，目前存在着铸铁件、钢焊接结构、硬质橡胶和木质等各种形式。由于使用和存放管理不善，经常造成损坏、丢失问题，成为各站段管理的一大难题。电子防盗止轮器采用电子开锁智能控制，后台数据管理的互联网技术，对止轮器的编号、配属、使用的时间、位置、使用人的相关信息，通过电子钥匙和手机蓝牙，实现生产指挥中心平台授权管理，PC 端实时在线监控和信息查询，防止了止轮器“乱丢乱放”现象的再发生，为铁路各站段的“铁鞋”的使用与存放彻底解决了管理的难题。电子防盗止轮器采用硬质橡胶材料，锁具结构采用铝材加工，锁芯采用 304 全不锈钢材料，重量轻，防锈蚀，锁芯钥匙孔加橡胶塞，防水性能好。

2. 铁路护网门智能管控系统

王志强发明的铁路护网门智能管控系统，采用双套独立开锁机构，具备远程开锁与电子钥匙备用开锁功能，能根据作业计划自动生成开锁计划，包括：出入时间，车间线名，防护门编号，可在地理信息图上突出显示作业点。未经段、车间授权的用户，无权开锁，不在作业计划范围内的锁具无法开启，实时监控当日开锁计划，显示实际开关锁时间、锁具状态、开锁人姓名、手机号（工号）等信息，严格按作业计划出入护网，杜绝人员随意上下线。

创新之星

情系岗位　心系安全——孙德志

人物

孙德志，男，1965 年生，中共党员，路局优秀工会积极分子。1984 年 4 月参加工作，现为唐山车务段京哈线的车站值班员。

他是一个过着平淡的生活，从事着平凡工作的普通人，在热爱的工作岗位上，他忠于职守，担当有为，默默无闻地奉献了自己的青春，用辛勤和汗水，换来了运输的安全和畅通。作为京哈线的车站值班员，孙德志几十年来，除尽心尽力的做好本职工作外，和技师团队成员一起利用休息时间，对制约车站安全和运输效率的部位进行了“小改小革”，获得了显著的效果。“小方法”，解决了顽症问题；“小改革”，消除了安全隐患；“小创新”，保证了大安全。

荣誉

2015 年	先进职工	站段级
2016 年	优秀工会积极分子	路局级
2016 年	优秀共产党员	站段级
2017 年	优秀共产党员	站段级
2018 年	优秀工会积极分子	路局级

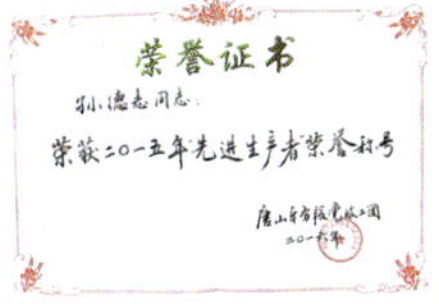

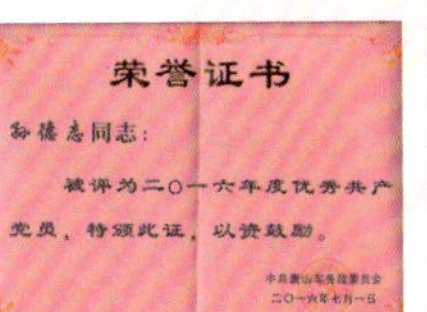

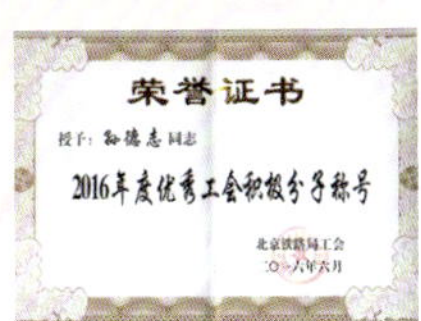

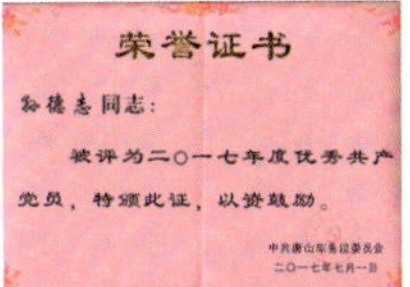

成果

1. 横过线路语音提示装置

孙德志研制的横过线路语音提示装置，通过在作业区横过线路道口设置红外线发送和接收装置，对道口进行全时扫描，当作业人员经过此装置时，红外线被瞬时截断，同时自动触发语音提示系统，扩音器随即语音提示：“横过线路，注意安全”。

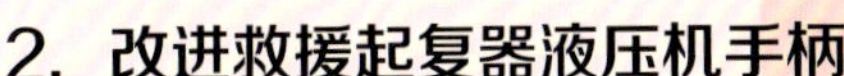

2. 改进救援起复器液压机手柄

原始救援起复器液压机手柄为向两头伸开的单把手柄，在救援演练过程中，只限两名救援人员侧身上下操作，影响救援时间，削弱了效果。孙德志经研究，改进救援起复器液压机手柄，将两边手柄改成丁字形手柄，既能多人操作，操作人员也可正面站立，能有效缩短起复时间，提高救援效率。

3. 热电厂专用线残留物清扫装置

原热电厂专用线卸车设备仍使用老式绞龙，导致卸车作业过程中，车帮顶部残留物较多，卸车质量没有保证。为彻底解决残留物问题，孙德志与厂方共同研发了车帮顶部残留物清扫装置，即在可升降设备上安装清扫胶皮，车辆走行过程中，自动将车帮顶部残留物刮扫干净，有效提高了卸车质量，消除了残留物带来的货装安全隐患。

4. 防溜器具刻号法

防溜紧固器、铁鞋的编号不清、编号容易脱落问题是防溜工作的顽症，威胁着防溜工作的安全。孙德志用特征电钻将紧固器编号刻在紧固器上，解决了编号容易脱落问题；用红色油漆涂打刻在紧固器上的编号，解决了标记不清的问题。

创新之星

能工巧匠　管道能手——李鼎勇

人物

李鼎勇，男，1966年生，中共党员，高中学历，国家实用新型专利1项。1984年参加工作，现任天津建筑段秦皇岛综合车间，管道工高级技师。

李鼎勇参加工作以来，一直致力于管道、锅炉的大修工作。他思想进步，工作上尽职尽责，刻苦钻研技术业务，为解决维修中的技术难题提出了许多合理化建议并被采纳。他作为主研人将昌黎站报废燃煤锅炉除渣机拆解改造成生物质颗粒上料机，解决了卢龙生物质锅炉附属螺旋上料机系统运行时螺旋输送机容易卡死、易造成燃料破碎、上料仓易发生堵塞现象。而他研发的室外排水管道疏通机更是取得了国家专利。他的小改小革和科研成果在车间及段推广应用，为单位节省了许多人力、物力。他连续多年荣获段“建功立业生产者”及“优秀共产党员”荣誉称号。

荣誉

2016 年	建功立业先进生产（工作）者	站段级
2017 年	优秀共产党员	站段级
2017 年	实用新型专利	国家级

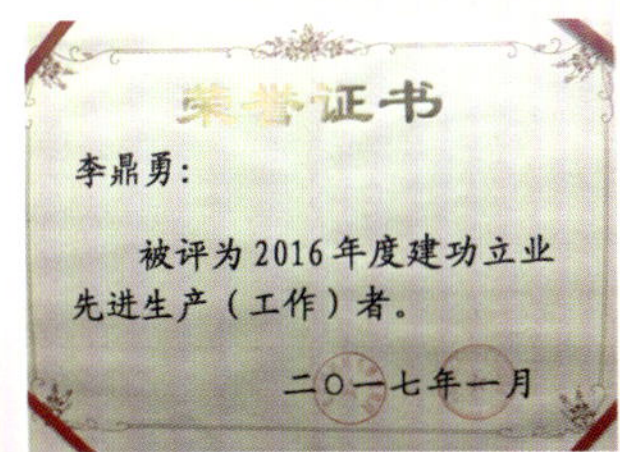

荣誉证书

李鼎勇：

被评为 2016 年度建功立业先进生产（工作）者。

二〇一七年一月

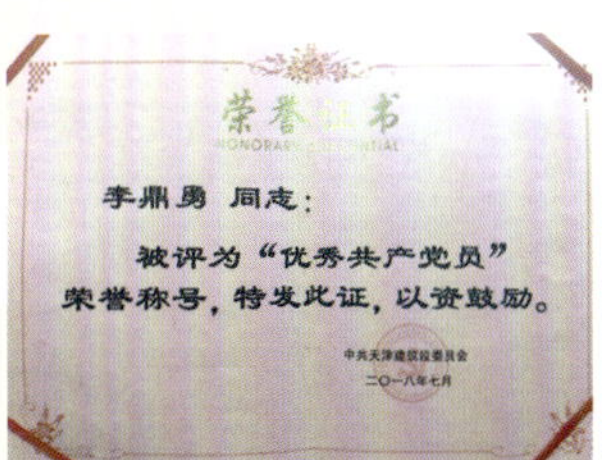

荣誉证书

李鼎勇 同志：

被评为“优秀共产党员”荣誉称号，特发此证，以资鼓励。

二〇一八年七月

成果

1. 室外排水管道疏通机

李鼎勇研发的室外排水管道疏通机涉及管道疏通的技术领域，包括清淤件、旋转机构和连接件。旋转机构与连接件一端可拆卸连接，且带动连接件旋转缠绕在旋转机构上；连接件另一端与清淤件可拆卸连接，解决了现有技术中存在的需要井下作业而使操作人员中毒的技术问题，操作简便，安全可靠，避免了操作人员因进入井下作业而产生中毒窒息的危险。该项目已于 2017 年获国家实用新型专利。

2. 更新改造锅炉附属螺旋上料机系统

由李鼎勇研发更新改造的卢龙生物质锅炉附属螺旋上料机系统将原有装置适当增加了槽体深度，调整刮板间隙适应生物质燃料形状，将原有铁质刮板改为旧传送带替代，设置电控装置，改变原连续运行为按燃料消耗自动控制上料运行，将下部受料口、上部下料口及槽体，制作成全封闭形式。这样有效解决了运行时螺旋输送机容易卡死、易造成燃料破碎、上料仓易发生堵塞、人工疏通存在安全隐患并且堵卡后不易疏通、送料过程中粉尘污染严重等问题。

技术能手

Jishu Nengshou

车轮“扁鹊”——慕进雨

慕进雨，女，1973 年生，高中学历，铁路工匠。1995 年 12 月参加工作，现任天津车辆段唐山配件车间铁路探伤工，高级技师。

慕进雨对待工作认真负责，一丝不苟，工作中勤于学习、善于钻研、勇于创新。24 年来她探伤的近 20 万条轮对中，从未出现过不良反应，并多次发现轮对各类故障。2012 年发现的轮座镶入部内侧 4.2 mm 深裂纹受到路局的通报表扬和奖励；2014 年发现的轮座镶入部外侧创伤获得路局万元奖励。从 2013 年开展技术比武以来，她都参与其中，并连续 3 年获得天津车辆段技术比武探伤组第一名。2016 年，她参加路局技术比武获得探伤组第一名，同年代表路局参加中国铁路总公司货车检修系统职业技能竞赛获得超声波探伤项目第二名，并荣获“全路技术能手”荣誉称号。

荣誉

2013 年	标准化职工标杆	路局级
2013 年	先进生产（工作）者	路局级
2016 年	先进生产（工作）者	路局级
2016 年	全路技术能手	总公司级
2016 年	京铁工匠	路局级
2017 年	京铁巾帼建功立业“三八”红旗手	路局级
2017 年	十佳女职工岗位标兵	路局级
2017 年	铁路探伤工首席技师	路局级
2017 年	铁路工匠	总公司级
2017 年	“百千万人才”工程专业带头人	总公司级

荣誉证书
慕进雨 同志：
荣获 2016 年度全路技术能手称号。

荣誉证书
慕进雨 同志
参加2016年铁路车辆系统货车检修职业技能竞赛，获得轮轴超声波探伤第二名。

荣誉证书
慕进雨 同志被评为京铁巾帼建功立业“十佳女职工岗位标兵”
二〇一七年三月

聘　书
兹聘任天津车辆段慕进雨同志为北京铁路局铁路探伤工首席技师
北京铁路局
2017年7月3日

荣誉证书
慕进雨 同志：
被评为京铁巾帼建功立业“三八”红旗手
北京铁路局　北京铁路局工会
二〇一七年三月

授予 慕进雨 同志
2017年度铁路工匠荣誉称号
中国铁路总公司
2018年1月

成果

“三个一”探伤作业法

随着铁路新技术、新材料、新工艺和新设备的不断发展，对探伤工作的要求也越来越高，慕进雨通过积极的摸索探讨，潜心研究总结出了“三个一”探伤作业法。第一个“一”是指微机超声波探伤探头使用前，要对探头的边缘部分进行研磨，使其产生半径为 1 mm 的倒角，有利于探伤过程中实现不间断耦合，从而实现连续转动两周不漏伤的效果。第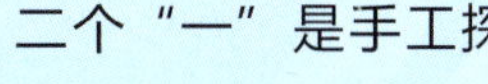二个“一”是手工探伤时对微机探伤发现的疑似裂纹要着重进行复查，做到双重把关。第三个“一”是善于总结，每次把发现的裂纹波形打印出来并保存，和发现的疑似裂纹波形进行比较总结经验，什么样的波形是裂纹需要判废，什么样的波形是疑似裂纹不需要判废，做到准确无误，以避免误判造成的浪费。此探伤作业法已经广泛应用于日常工作中。

优秀共产党员——徐长锁

人物

徐长锁，男，1972 年生，中共党员，大专学历，全路技术能手。1993 年 8 月毕业于北京铁路电气化学校，现任唐山机务段丰润运用车间第四机车队第三指导组电力机车司机，高级技师。

徐长锁认真学习技术理论知识，努力提高自身的实作技能，不断丰富行车经验。他在本职工作中，更是干在前、冲在前，做到了有令则行，有禁则止，超劳无怨言，顾全运输大局，以集体利益为重，落实各项规章制度不走样，卡控关键环节超前安全预想，做到安全上细心、操纵上精心、故障处理上用心，发扬多看一眼、多说一句、多敲一锤的敬业精神，努力做到技术通、业务精，先后防止各类行车事故和机车故障 50 多起，发现并消除行车隐患 200 多件，安全行车 2200 多趟。为充分发挥自身技术特长，徐长锁几年来先后与多名新职工签订师徒合同，有的是刚入路的大专生、本科生，有的是准备考司机的学习司机，还有的是即将单独练习的操纵司机。徐长锁不管是谁，都能本着认真负责的态度，因人而异地去做“传帮带”，使他们尽快地熟悉业务，帮助他们顺利通过考试，尽快地适应自己的岗位，有的已经成长为工作岗位上的佼佼者。2008 年撰写的《受电弓控制常见故障处理》一文，在唐山机务段工人技师技能传艺征文活动中获奖，并收录于北京铁路局主编的《技师 • 传承》;2009 年参与编写铁路职业技能鉴定丛书《电力机车司机》一书，2016 年 9 月编写论文《刻苦钻研新技术，解决生产难题》收录于北京铁路局和北京铁路工人技师协会主编的《技师 • 传承》。他多次参加段、车间组织的技术比武，并取得好成绩，2008 年 11 月在北京铁路局电力机车司机职业技能竞赛中获得第一名，被授予“全路技术能手”称号。2011 年、2014 年两次被聘为北京铁路局电力机车司机首席技师，连续多年被评为路局级“先进职工”和“优秀共产党员”，2018 年 6 月被评为中国铁路总公司“优秀共产党员”。

荣誉

2013 年	优秀高技能人才	路局级
2013 年	“毛泽东号”司机	总公司级
2013 年	先进生产（工作）者	路局级
2014 年	电力机车司机首席技师	路局级
2016 年	先进生产（工作）者	路局级
2017 年	先进生产（工作）者	路局级
2018 年	优秀共产党员标兵	路局级
2018 年	优秀共产党员	总公司级

荣誉证书

徐长锁 同志：

荣获2009年度全路技术能手称号。

中华人民共和国铁道部

二〇〇九年四月

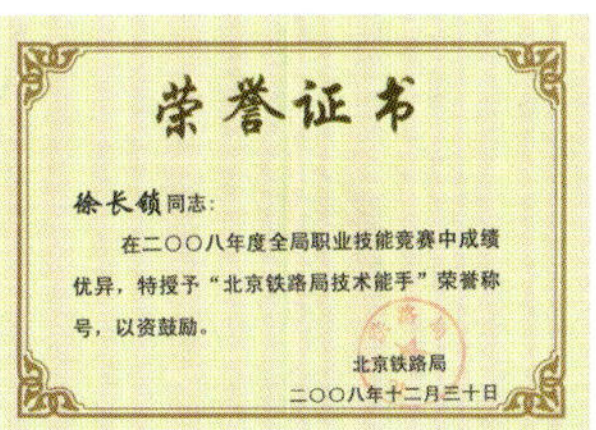

荣誉证书

徐长锁同志：

在二〇〇八年度全局职业技能竞赛中成绩优异，特授予“北京铁路局技术能手”荣誉称号，以资鼓励。

北京铁路局

二〇〇八年十二月三十日

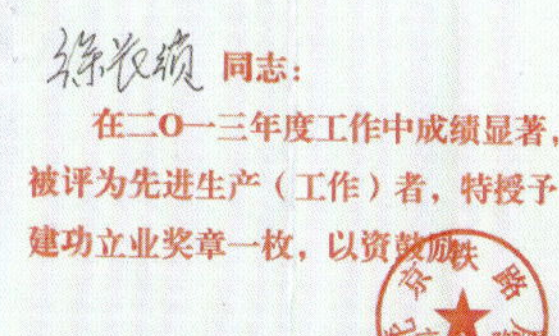

徐长锁 同志：

在二〇一三年度工作中成绩显著，被评为先进生产（工作）者，特授予建功立业奖章一枚，以资鼓励。

北京铁路局

二〇一四年三月

聘　书

兹聘任唐山机务段徐长锁同志为北京铁路局电力机车司机首席技师

北京铁路局

2014 年 7 月 4 日

货运系统的规章能手——张通晓

人物

张通晓，男，1982 年生，中共党员，本科学历，全路技术能手。2001 年 9 月参加工作，现任天津货运中心货运调度员，技师。

张通晓参加工作以来，踏踏实实工作，认真钻研业务，对各工种规章勤学苦练，分别于 2013 年、2017 年取得了货运核算员和货运调度员的技师资格。他技术业务全面，曾多次在不同工种的技术比武中取得优异成绩，2015 年在全路货运系统职业技能竞赛货运核算员比赛中获得第二名，被中国铁路总公司授予“全路技术能手”称号，同年获得“全局尼红式青年”“党员技术能手”“青年岗位能手”等荣誉称号，2016 年 2 月中华全国铁路总工会授予其“火车头”奖章。张通晓同志分别于 2014 年和 2015 年两次被抽调到中国铁路总公司运输局和价格管理部，协助制定和修改货运价格政策；多次被路局抽调，参与路局货运工种题库的审核。张通晓撰写的论文《关于铁路货物运输费用的计算》获 2014 年第二季度北京铁路局优秀论文评审优秀奖。他获得 2015 年度天津货运中心技改技革标兵；2016 年提出的“天津货运中心新港营业部二区网点装运大豆到达燕郊站整列直达货物试行整列一票”获得站段合理化建议奖。

荣誉

2015 年	全路技术比武（货运核算员）第二名	总公司级
2015 年	全路技术能手	总公司级
2015 年	党员技术能手	路局级
2015 年	尼红式青年	路局级
2016 年	“火车头”奖章	总公司级
2017 年	先进生产（工作）者	站段级
2017 年	优秀党员	站段级
2018 年	优秀党员	站段级

火车头奖章

证书

中华全国铁路总工会

决定授予：张通晓 同志

火车头奖章。

中华全国铁路总工会

二〇一六年二月

荣誉证书

张通晓 同志：

荣获 2015 年度全路技术能手称号。

中国铁路总公司

2016 年 1 月

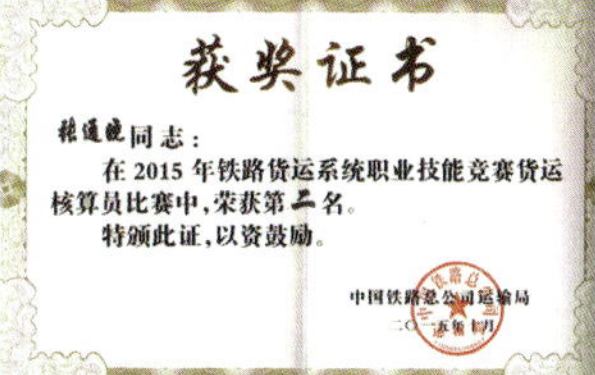
获奖证书

张通晓 同志：

在 2015 年铁路货运系统职业技能竞赛货运核算员比赛中，荣获第二名。

特颁此证，以资鼓励。

中国铁路总公司运输局

二〇一五年十月

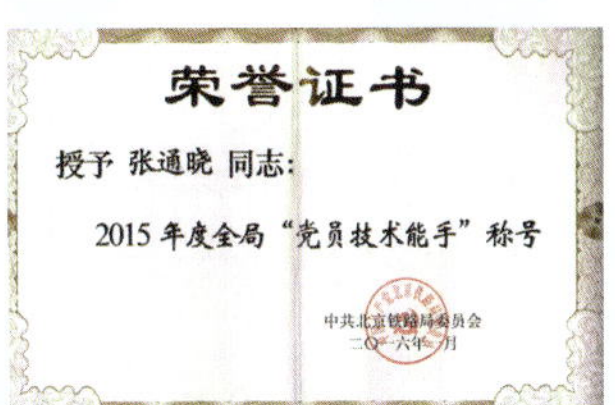
荣誉证书

授予 张通晓 同志：

2015 年度全局“党员技术能手”称号

中共北京铁路局委员会

二〇一六年 月

从容、精准的钢轨诊断师——胡汝松

人物

胡汝松，男，1981 年生，中共党员，大专学历，全路青年岗位能手。2001 年 8 月参加工作，现为天津工务段沧州探伤车间焊缝工区工长，高级技师。

胡汝松参加工作以来，兢兢业业，甘于奉献，凭着一股顽强拼搏的斗志、刻苦钻研的劲头和不屈不挠的精神，扎根在平凡的探伤岗位上，从一名普通的铁路工人成长为一名优秀的班组长、车间技术骨干和技术能手。凭借多年的探伤经验，他总结出 SC325 道岔探伤“听、看、查”的绝技：“听”就是听列车运行中，车轮对长心轨部位冲击的声音；“看”就是仔细观看长心轨部位枕木是否空吊；“查”就是用多种探伤探头对扫查心轨范围内材质状况“对症开药”，为 SC325 道岔探伤工作提供了有力的保障。针对探伤 B 显图形中焊缝位置缺陷和焊筋难以分辨的问题，他研究制作出“母材探伤 B 显调整试块”，解决了现场实际问题，得到了路局和段多名专家的认可和高度评价。“胡式灵敏度标定法”也成为他的“专利”，目前在全段两个探伤车间、十多个探伤班组中推广运用。同时，他对于探伤工赖以生存的“看病”工具——探伤仪有着深入的研究，他总能完美处理好一般的故障。在技术业务传承方面他更是尽心尽力，积极担当路局、段组织的职工培训任务，精心传授钢轨探伤技能和经验，培养出多名路局级探伤技术能手。他出色的探伤工作能力为钢轨防断，从而确保运输安全做出了贡献。他个人先后获得段“先进职工”“十大杰出青年”，路局“技术能手”“党员技术能手”“京铁工匠”，以及全国铁道团委“全路青年岗位能手”等荣誉称号，并在路局和总公司组织的多次技能大赛中取得优异的成绩。

2012 年	工务系统探伤工技能竞赛第二名	路局级
2015 年	工务系统钢轨检修组第二名	路局级
2015 年	党员技术能手	路局级
2017 年	技能竞赛无损检测员第十一名	总公司级
2017 年	京铁工匠	路局级
2017 年	全路青年岗位能手	总公司级

荣誉证书

授予 胡汝松 同志：

全路青年岗位能手

特发此证，以资鼓励。

荣誉证书

胡汝松同志：

在二〇一五年全局职工技术比武中，成绩优异，特授予"北京铁路局技术能手"荣誉称号，以资鼓励。

北京铁路局

二〇一五年十二月十八日

荣誉证书

胡汝松 同志：

在2015年局级职工技术比武活动中成绩优异，特授予"北京铁路局技术能手"奖章一枚，以资鼓励。

北京铁路局

二〇一五年十二月

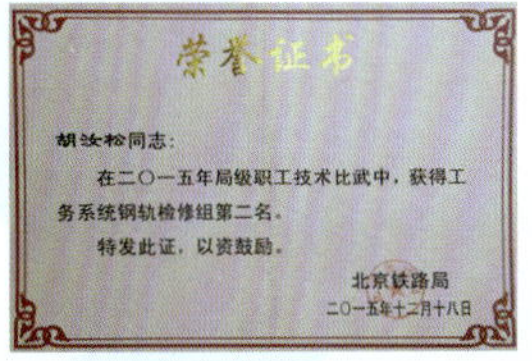
荣誉证书

胡汝松同志：

在二〇一五年局级职工技术比武中，获得工务系统钢轨检修组第二名。

特发此证，以资鼓励。

北京铁路局

二〇一五年十二月十八日

荣誉证书

授予 胡汝松 同志：

2015 年度全局"党员技术能手"称号

二〇一六年一月

岗位新星——唐丰顺

唐丰顺，男，1984 年生，中共党员，全路技术能手。2013 年 5 月由部队退伍后进入天津车辆段，一直从事货车运用检修、检查工作，现任天津车辆段曹妃甸南运用车间首钢工业站列检作业场检车工长。

在平凡的岗位上，他兢兢业业，凭借爱岗敬业的职业精神保安全保质量，锐意进取，优质地完成了各项工作任务。由于成绩突出，他多次代表车间参加段、路局举办的技术比武，2014 年在路局运用系统技术比武中取得个人全能第七名，2015 年路局运用系统技术比武中取得个人全能第一名，2015 年被评为"青年岗位能手"，2015 年获得北京铁路局"技术能手"称号，2016 年 1 月获得北京铁路局"党员技术能手"称号，2016 年 2 月获得北京铁路局"标准化职工标杆"称号，2016 年 4 月获得中国铁路总公司"全路技术能手"称号，2017 年 7 月被聘为北京铁路局铁路车辆钳工首席技师，同年被评为"青年岗位能手"。

随着铁路车辆新技术、新车型、新工具的运用，唐丰顺深感自身的技术业务素质还存在着许多的不足之处，要想不被时代甩在后面就需要在工作中不断地进行探索、学习和借鉴来补充自己的知识水平，努力工作，戒骄戒躁，严格落实标准，把心思扑到工作上，把目光聚焦到现场上，把精力放到解决问题上，不断汲取新技术新知识，用辛勤的汗水继续为铁路的快速稳定发展贡献自己的力量。

2015 年	车辆系统货车运用检修组第一名	路局级
2015 年	技术能手	路局级
2015 年	党员技术能手	路局级
2015 年	标准化职工标杆	路局级
2015 年	全路技术能手	总公司级
2017 年	铁路车辆钳工首席技师	路局级
2017 年	青年岗位能手	站段级

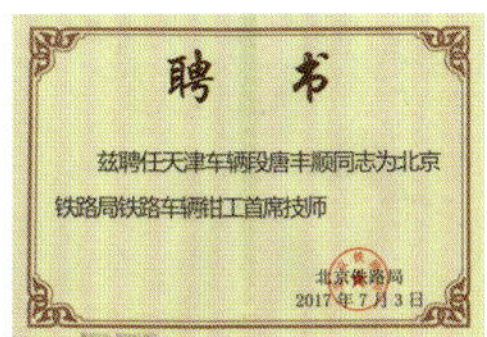

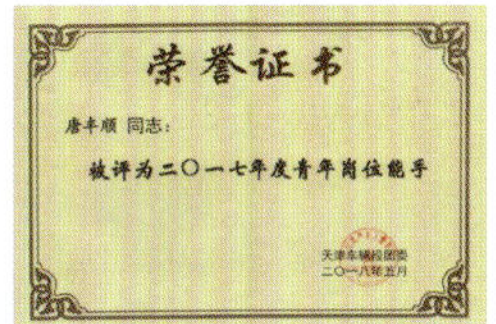

无形之电　有形之技——徐景涛

徐景涛，男，1966 年生，中共党员，“火车头”奖章获得者。1986 年参加工作，现任天津建筑段天津供热车间宜白路机电工区工长，高级技师。

徐景涛参加工作 30 多年以来，一直努力钻研本职业务，从一名学徒工慢慢成长为一名政治觉悟高、业务能力过硬的工人技师。他工作中爱岗敬业，勇于承担责任，是车间领导的好帮手，是广大职工群众的好榜样，更是技术革新的带头人。多年来，徐景涛依靠自己的所学，结合车间的生产实际，开展了小改小革和技术创新 20 余项，为确保车间安全生产做出巨大贡献。作为原天津铁路分局首届青工职业技能大赛“青工技术状元”，他曾荣获中华全国铁路总工会授予的“火车头”奖章和天津市河北区“五一”劳动奖章，以及路局“先进生产（工作）者”“优秀共产党员”荣誉称号。

荣誉

2012 年	“火车头”奖章	总公司级
2013 年	“四小三法”技术创新优秀成果奖	路局级
2014 年	技术革新标兵	路局级
2014 ~ 2017 年	优秀共产党员	路局级
2016 年	先进生产（工作）者	路局级
2017 年	先进生产（工作）者	路局级

证 书
中华全国铁路总工会授予
徐景涛同志火车头奖章
中华全国铁路总工会

荣誉证书
授予徐景涛同志：
2013年度“安康杯”竞赛先进个人称号。
北京铁路局工会

荣获2013年“四小三法”技术创新优秀成果奖
北京铁路局工会

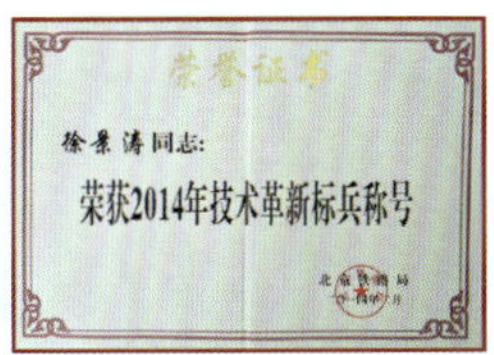
荣誉证书
徐景涛同志：
荣获2014年技术革新标兵称号

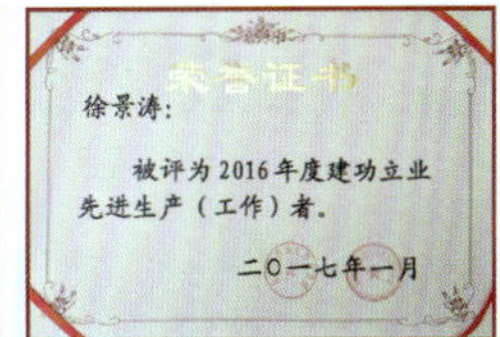
荣誉证书
徐景涛：
被评为2016年度建功立业先进生产（工作）者。
二〇一七年一月

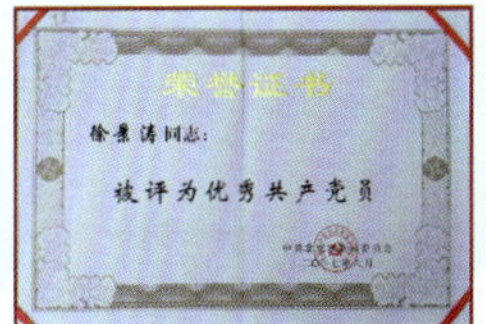
荣誉证书
徐景涛同志：
被评为优秀共产党员

成果

1. 多功能可编程语音报警器

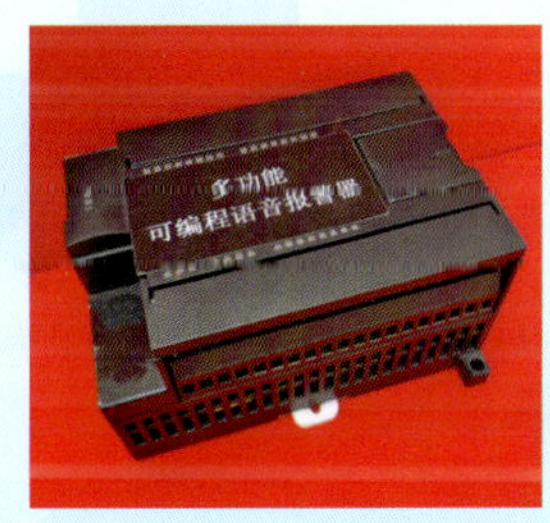

机电设备运行时对设备报警信号的处理方式大多为声光报警方式（警笛声加闪光），报警发生时，值守人员要查看报警器标示牌或在电脑上调出报警记录查询界面才能确定具体的报警内容，这种报警方式具有一定的滞后性，极不人性化，更不利于及时处理设备故障。徐景涛发明的多功能可编程语音报警器可把各种工况报警信号以语音的形式播报出来，并可为值守人员提示设备故障的大概范围，可以起到快速处理设备故障的辅助功能，提高设备的工作效率和安全系数。

2. 排污泵 GSM 远程监控系统

该系统主要由华为 GSM 模块、STC12C5A60S2 微处理器模块和继电器模块组成。它可以对排污泵的运行工况以及污水池的水位进行实时监控。系统通过预先编制的程序对排污泵进行运行控制，包括正常情况下的主泵运行、大排水量时的备用泵启动以及紧急情况下的应急泵启动。无论是排污泵故障还是备用泵或应急泵的异常启动以及排污池水位超高，系统都会先以短信的方式向指定的手机发送报警信息，然后再向指定的手机拨打报警语音电话。设备检修人员还可以通过发送短信的方式对排污泵进行远程启、停控制。

勤学苦练、敢于创新的技术能手——张友权

张友权，男，1972 年生，大专学历，全路技术能手。1990 年参加工作，现任唐山供电段唐山高铁车间北戴河高铁供电工区副工长，高级技师。

张友权爱岗敬业、吃苦耐劳，努力学习业务知识，工作中一丝不苟，精益求精，同时善于琢磨，勤于总结。他结合生产实际，对检修工具小改小革，大胆进行技术创新，自制的划红线工具能在凹凸不平的零件表面划出直线，监测零件间的位移；对安全带挂钩进行改造提高了作业人员的安全性；提出电缆沟自动排水控制系统等多项合理化建议，解决了生产中的技术难题，提高了工作效率。他曾多次参加车间、段及路局的技术竞赛：2006 年参加技术比武取得了北京铁路局接触网全能第一名，破格聘为接触网技师；2008 年职业竞赛中成绩显著，荣获北京铁路局“技术能手”称号；2012 年技术比武取得了北京铁路局接触网全能第三名，获得“建功立业”奖章一枚；2014 年参加中国铁路总公司技术比武，取得接触网工第六名，获得中国铁路总公司“全路技术能手”称号并被聘为全局首席技师；在 2012 年、2015 年、2017 年被评为路局“先进生产（工作）者”。张友权凭借丰富的理论知识和熟练的操作技能，2014 年参加了唐山供电段“接触网工应知应会”题库的编写；2017 年两次参加路局系统题库的评审并参加了唐山高铁车间接触网演练场的图纸设计和施工。

荣誉

2012 年	先进生产（工作）者	路局级
2012 年	技术能手	路局级
2014 年	铁道行业职业技能大赛接触网工第六名	总公司级
2014 年	全路技术能手	总公司级
2015 年	接触网工首席技师	路局级

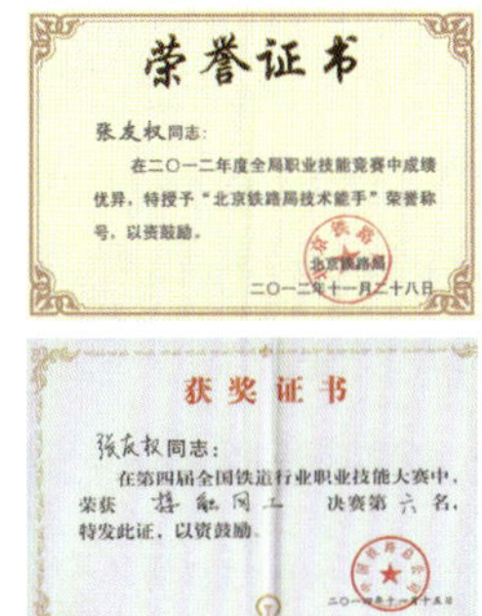

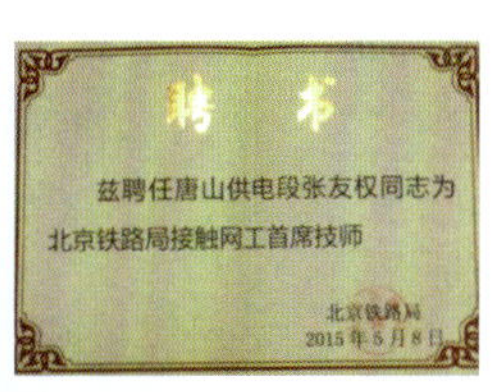

荣誉证书
张友权 同志：
荣获2014年度全路技术能手称号。

自制零配件修复隔离开关

2015 年津秦高铁隔离开关因鸟窝导致动触头支撑绝缘子闪络，更换绝缘子时发现耳环孔中的铜衬垫因过流被烧坏，不能继续使用，隔离开关不能正常分合，严重影响供电安全。当时因没有配套零件，为解燃眉之急，张友权通过与原零件进行认真比对，精心测量，绘制出零件图，选用相同的材料，用车床加工出衬垫，成功修复了开关，节省相关费用上万元，保证了设备的正常运行。

技术能手

精益求精、身先垂范的技术能手——韩小明

韩小明，男，1976 年生，大专学历，全路技术能手。1996 年 9 月参加工作，现任唐山供电段供电检测车间检测分析工区接触网工，高级技师。

韩小明在京沪高铁、津秦客专施工建设、联调联试、运行维护工作中立足本职岗位，对新技术、新工艺不断进行学习和研究，期间积累了大量现场工作经验，并将此有效与 4C 检测数据相结合，把设备易发生问题的部位和薄弱环节进行总结，在数据分析时进行重点查找、仔细甄别，对设备缺陷做出准确判断，高质量地完成各项数据分析工作，为现场维修提供可靠的依据，多次发现重大设备缺陷，有效防止各类事故的发生。工作之余，韩小明不断进行学习和创新工作，努力提升自己业务水平，并多次参加各级技术比武，2014 年取得第四届全国铁道行业职业技能大赛接触网工第十一名，2014 年获得“全路技术能手”称号，2015 年被聘为北京铁路局接触网工首席技师。

荣誉

2013 年	标准化职工标杆	路局级
2014 年	职业技能大赛接触网工决赛第十一名	总公司级
2014 年	全路技术能手	总公司级
2015 年	接触网工首席技师	路局级

荣誉证书
韩小明 同志：
荣获 2014 年度全路技术能手称号。
中国铁路总公司
2014 年 11 月

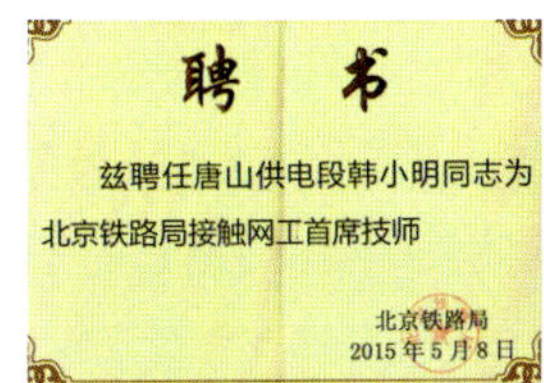
聘　书
兹聘任唐山供电段韩小明同志为北京铁路局接触网工首席技师
北京铁路局
2015 年 5 月 8 日

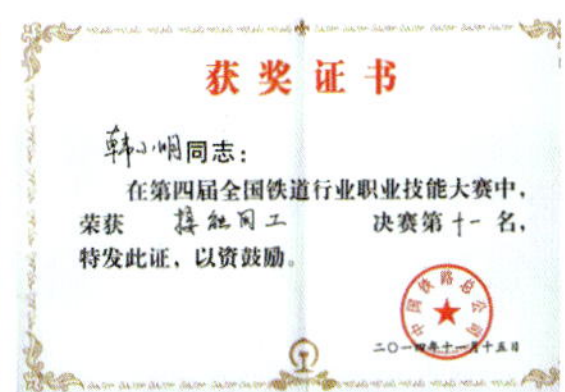
获奖证书
韩小明同志：
在第四届全国铁道行业职业技能大赛中，荣获 接触网工 决赛第十一名，特发此证，以资鼓励。

研制定位线夹折销钳

针对高速铁路定位线夹 U 形销状态不良，极易磨损、断裂引发定位器脱落事故，韩小明对故障案例进行分析，结合现场实际情况总结出 U 形销安装不达标、松动、不密贴、折弯角度不合格是造成磨损的主要原因。为规范安装技术，本着省时省力、提高工作效率的目的，通过对该线夹的设计和功能进行研究，他与马玉刚创新工作室共同研制出定位线夹折销钳，总结出了科学合理的安装方法可以确保安装质量，为现场维修提供便利，避免类似事故的发生，同时撰写的《浅谈定位线夹折销钳》论文收录于《技师 • 传承》一书。

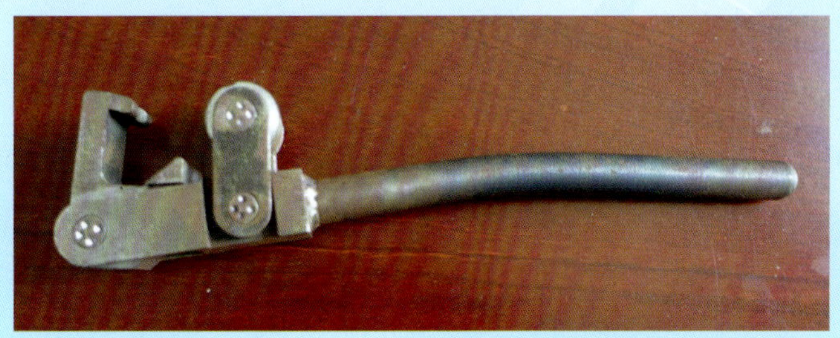

一丝不苟、以身作则的技术能手——刘卫茹

刘卫茹，男，1968 年生，大专学历，全路技术能手。1985 年 3 月参加工作，现任唐山供电段接触网作业车指导司机，兼职接触网作业车司机专职培训工作，高级技师。

刘卫茹自任职唐山供电段动力设备车间指导司机以来，组织完成了接触网大修、站改、电力箱变安装等各种施工任务，在施工中能够认真坚持执行各项规章制度，严格要求自己，施工作业全过程盯控，期间及时发现处理多起车辆故障及防止违章作业，至今为止确保各项施工没有发生一起因轨道车行车、施工作业造成的人身伤害事故。在京沪高铁开通后，刘卫茹组织带领接触网作业车由唐山北站开往沧州西、德州东站，开创了唐山供电段接触网作业车首次进入高速铁路区段运行的记录。他在京沪高铁盯控期间不断地学习新技术、新工艺，在此期间积累了大量高铁现场工作经验，为唐山供电段接触网作业车行车安全打下了坚实的基础。同时他在专业技能上不断地学习和创新，多次参加各级技术竞赛，2006 年获得北京局接触网作业车职业技能竞赛第一名，2012 年获得北京局供电系统轨道车职业技能竞赛第一名，2012 年被授予“北京局技术能手”荣誉称号，2014 年参加了铁路供电系统职业技能竞赛轨道车司机决赛，2017 年获得“全路技术能手”称号，2018 年被聘为北京铁路局轨道车司机首席技师。同年，中国铁路总公司聘其为武汉高铁训练段驻段培训师。

荣誉

2006 年	接触网作业车司机职业技能竞赛第一名	路局级
2012 年	供电系统轨道车职业技能竞赛第一名	路局级
2012 年	技术能手	路局级
2014 年	参加铁路供电系统竞赛轨道车司机决赛	总公司级
2017 年	全路技术能手	总公司级

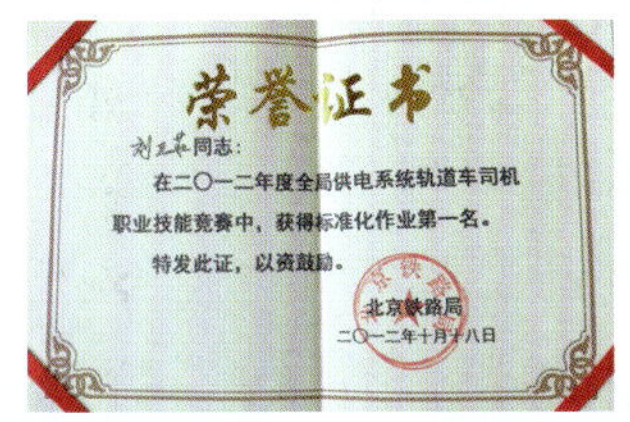

荣誉证书

刘卫茹同志:

在二〇一二年度全局供电系统轨道车司机职业技能竞赛中，获得标准化作业第一名。

特发此证，以资鼓励。

北京铁路局

二〇一二年十月十八日

参赛证书

刘卫茹 同志:

参加了 2014 年铁路供电系统职业技能竞赛 轨道车司机（供电）决赛，特此证明。

荣誉证书

刘卫茹 同志:

荣获二零零六年度全局接触网作业车司机职业技能竞赛副司机全能第一名。

特发此证，以资鼓励。

北京铁路局

成果

研制轨道车风压（主风缸）自动报警器

轨道车风压（主风缸）自动报警系统，利用轨道车（接触网作业车）上总风缸压力和车载蓄电池 24 V 电源连接在风压报警器上，风压报警器设置 500 kPa 为临界点，当风压低于 500 kPa 时启动灯光和音响报警，高于 500 kPa 时自动解除灯光和音响报警。实时监测空气制动系统中主风缸的压力状态，当主风缸压力达到临界点时立即发出报警信息，提示司机采取措施，避免因主风缸压力不足造成车辆溜逸事故。

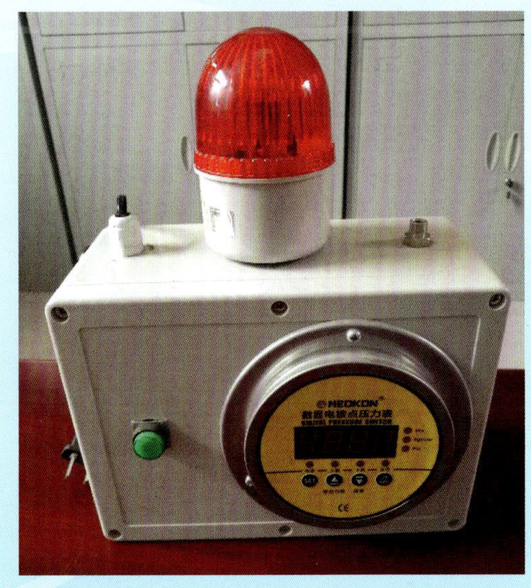

新生代技术能手——孙良禹

孙良禹，男，1992 年生，大专学历，全路技术能手。2013 年 7 月参加工作，现任天津电务段青县车间马厂信号工区副工长。

作为一名信号检修工人，孙良禹始终兢兢业业地工作在一线岗位。作为铁路“眼睛”的他们，只有保证信号设备的安全，才能保证铁路的运输效率。在工作的这几年里，他深知信号工的重要性，虽然工作很简单，但是必须要有一颗细致的心。因此，不论是检修设备还是测试数据时，他一直保持标准化作业，把设备的每一个死角都检修到位，不放过每一个细节，深知也许一个小细节就有可能酿成大祸，不敢松懈。在每一次的检修中，他把遇到的问题和难题都记录在一个小本上，回来请教别人。他知道数据代表着设备的工作状态，如果发生变化，就有可能发生设备问题。因此，在测试数据时他一直认真负责，每一个点都不放过，正是这样的工作态度，保证了设备的安全。在工作中，他坚持学习技术，总结出自己的一套检修经验，并推广给其他人，遇到不会的问题时就和其他人讨论，在他的带领下工区充满了学习气氛。作为工区副工长，他一直任劳任怨，从不计较，并尽心尽力地配合好工长的工作，在两人的共同合作下，把工区的管理资料都归整得井井有条，得到了领导的一致好评，其所在班组被评为 2017 年度马厂工区先进班组。2017 年，孙良禹在路局职工技术比武中，取得系统现场信号组第一名，荣获路局“技术能手”称号和天津电务段“标准化职工标杆”称号。

荣誉

2016 年	技术比武第三名	站段级
2017 年	技术比武电务系统现场信号组第一名	路局级
2017 年	全路技术能手	总公司级
2017 年	标准化职工标杆	站段级
2018 年	铁路信号工首席技师	路局级

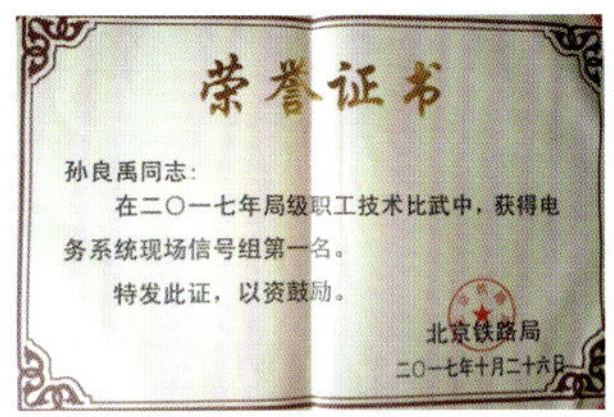

荣誉证书

孙良禹同志：

在二〇一七年局级职工技术比武中，获得电务系统现场信号组第一名。

特发此证，以资鼓励。

北京铁路局

二〇一七年十月二十六日

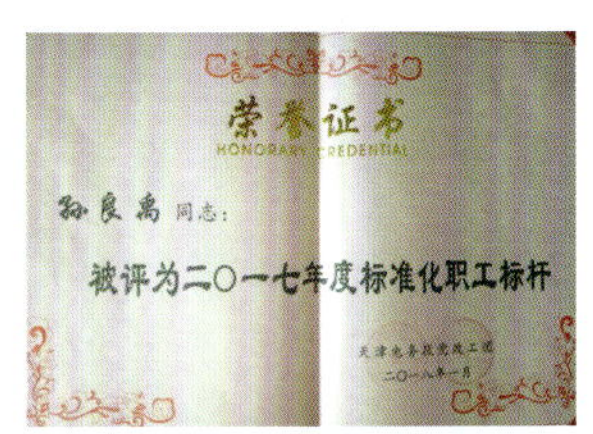

荣誉证书

HONORARY CREDENTIAL

孙良禹 同志：

被评为二〇一七年度标准化职工标杆

聘　书

兹聘任天津电务段孙良禹同志为北京局集团公司铁路信号工首席技师

北京局集团公司

2018 年 10 月 15 日

荣誉证书

孙良禹 同志：

荣获 2017 年度全路技术能手称号。

中国铁路总公司

2018 年 5 月

成果

限位器

针对道岔开口不均，两表示杆相差较大问题，在斥离轨到位后还向前运动导致开口增大，为限制斥离轨到位后的再次动作，在滑床板上安装一个限位器，保证开口符合标准，从而大大减少了因此造成的故障。目前，该应用技术正在推广中。

技术能手

天津供电段“京铁工匠”——王仕平

人物

王仕平，男，1981年生，中共党员，专科学历，全路技术能手。2002年参加工作，现任天津供电段工长，高级技师。

王仕平作为一名一线技师，工作经验丰富，先后妥善处理事故应急抢修大小几十起，参加了狼窝铺站分场分束改造，以及津秦高铁的前期介入、联调联试、平推克缺和开通运营。特别是进入高铁时代以后，王仕平努力学习高铁知识，并在工作中，发现设备缺陷时，及时进行研究、探索，在最短的时间内，对设备缺陷进行弥补，保证了设备的安全运行。他利用业余时间进行模拟探索，在现有工具上进行了小改良，消除了因人工清扫超长、超高供电杆带来的弊端。他在工作中严谨负责，在一次接触网集中修验收中，一个零件抽验不合格，要求工程部门整个跨距之间安装的设备返工重干，以此来保证设备的检修质量。作为多年的技师考评员，他在“传帮带”工作中同样做出了贡献：这些年一直参加技能鉴定单位组织的技师考评工作，为接触网专业选人用人严格把关；在工区的日常工作中，他也经常言传身教，组织单位的青年职工学习专业技术，并鼓励帮助他们提升职业技能。王仕平2015年荣获中国铁路总公司“全路技术能手”和路局“技术能手”“党员技术能手”荣誉称号，2016年被聘为路局接触网工首席技师，2017年被评为“京铁工匠”。

荣誉

2014 年	青年岗位能手	站段级
2014 年	优秀共产党员	站段级
2015 年	全路技术能手	总公司级
2015 年	技术能手	路局级
2015 年	党员技术能手	路局级
2016 年	接触网工首席技师	路局级
2017 年	京铁工匠	路局级

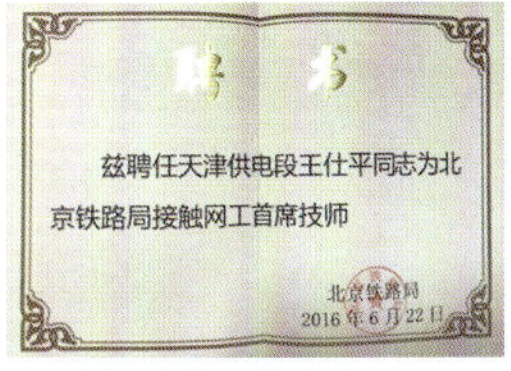
聘　书

兹聘任天津供电段王仕平同志为北京铁路局接触网工首席技师

北京铁路局
2016 年 6 月 22 日

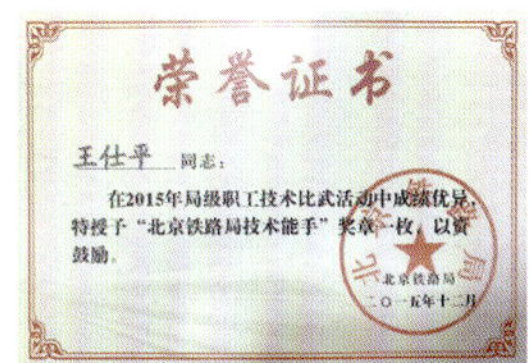
荣誉证书

王仕平 同志：

在2015年局级职工技术比武活动中成绩优异，特授予“北京铁路局技术能手”奖章一枚，以资鼓励。

北京铁路局
二〇一五年十二月

王仕平同志：

被评为优秀共产党员

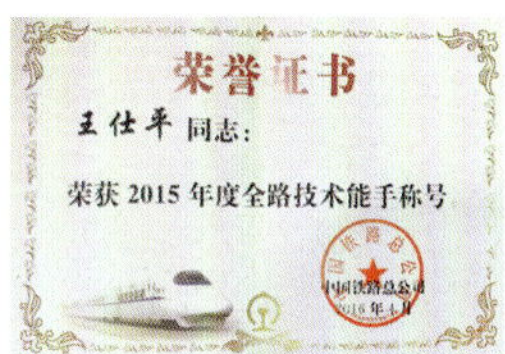
荣誉证书

王仕平 同志：

荣获 2015 年度全路技术能手称号

中国铁路总公司

成果

1. 改良水冲洗机水管长度

清扫绝缘子工作是每个接触网工区必有的作业项目，王仕平所在的工区管内供电杆较高，而且是超长肩架式，人员上杆清扫身体要探出支柱很远的距离，这样清扫形成较大的安全隐患，且工作量较大、效率不高。而段内的小型水冲洗机的水管较短，若站在地面上冲洗，则因冲洗距离较远，水枪压力不足，无法高质量地冲洗绝缘子。针对这一现状，王仕平采取了加长水冲洗机水管长度的方法，使冲洗人员只需爬到供电杆一半的位置，用水冲洗枪进行冲洗，这样既保证了作业人员人身安全，又保证了冲洗质量。工作效率由原来的人均每日清扫 5 或 6 个供电杆提升到现在的人均每日清扫 10 ~ 12 个供电杆。

2. 改进限制管长度和高度

津秦高铁开通的初期，由于特殊原因，王仕平所在的工区管内的棘轮补偿装置处的限制管长度普遍较短。列车高速通过时，限制管处于长期振动状态，这样极易造成限制管脱出，从而给列车安全运行造成极大的隐患，危及旅客人身安全。针对这一缺陷，他带领工区职工对照限制管的直径制作了一样粗细的小套管，并将这些小套管加装在现场尺寸不足的限制管底部，将原来的限制管垫高，这样很好地解决了限制管脱出所带来的安全问题。

机车的“B 超医生”——王少婧

人物

王少婧，女，1977 年生，中共党员，大专学历，京铁工匠。1996 年参加工作，现任唐山机务段唐山检修车间机车探伤技师。

王少婧擅长 DF4、DF7、DF8 型内燃机车和 HXD2B 型电力机车的磁粉、超声波、渗透、涡流探伤；精通超声波不同裂纹研究分析，能准确判断出各种裂纹的大小、深度、位置、取向，并总结出了核伤定位、定量计算的方法，通过对伤损的取向和储波情况经过认真揣摩，总结出了一套判伤方法；精通磁粉探伤裂纹产生原因、磁痕特征及鉴别方法。作为探伤组的副班组长，她坚持带领同事们踏踏实实地学习专业知识，班组成员运用她总结出的“一看波形显示，二看探头位置，三看工件状态”的“三看”工作法，实现了探伤过程全面监控，有效防止了有缺陷的轮对装车使用，深受各级领导及同事的好评。截至 2018 年 7 月，王少婧所在的探伤组从未发生丢探、漏探事故，确保了安全生产。

荣誉

2012 年　探伤工技术比武第一名　路局级

2012 年　技术能手　路局级

2015 年　京铁巾帼建功立业“三八”红旗手　路局级

2016 年　京铁巾帼建功立业“三八”红旗手　路局级

2016 年　京铁工匠　路局级

荣誉证书

王少婧 同志：

在二〇一二年度全局机务系统铁路探伤工职业技能竞赛中，获得第一名。

特发此证，以资鼓励。

北京铁路局

二〇一二年九月二十七日

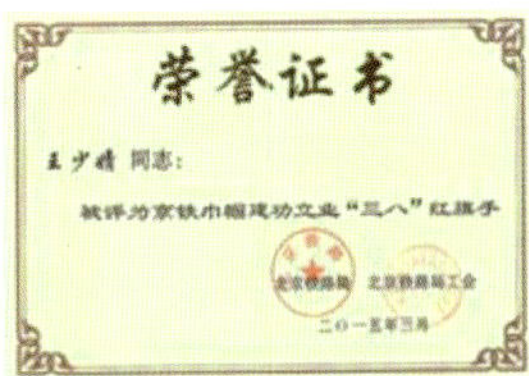

荣誉证书

王少婧 同志：

被评为京铁巾帼建功立业“三八”红旗手

北京铁路局　北京铁路局工会

二〇一五年三月

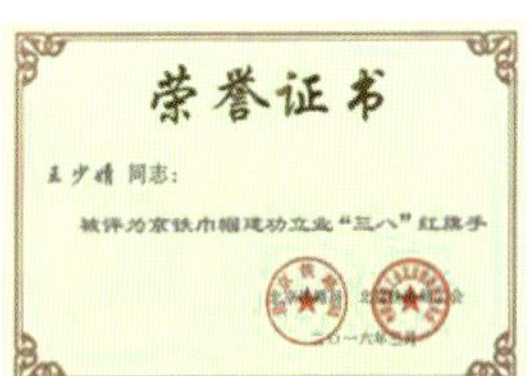

荣誉证书

王少婧 同志：

被评为京铁巾帼建功立业“三八”红旗手

二〇一六年三月

成果

优化牵引电机轴探伤方法，提高探伤质量

过去，机务系统对牵引电机电枢轴采取干法磁粉探伤，通过实践证明这种方法在探伤过程中存在灵敏度低、过渡圆处磁化不到位、车削加工的刀痕容易产生磁粉聚集等问题，容易将真实的裂纹掩盖。王少婧与其所在车间同事们通过反复试验，确定采用环形磁粉探伤器湿法磁粉连续探伤，很好地解决了探伤过程中灵敏度低、过渡圆处磁化不到位的问题，消除了车削加工刀痕对探伤结果的影响，有效提高了牵引电机轴裂纹的检出率；同时针对电枢轴内部存在缺陷的可能，采用超声波直探头在轴端处进行超声波探伤的方法，通过对人工缺陷的试验，该方法能够有效检出内部的缺陷，对电枢轴与主动齿轮不解体探伤具有一定的效果。

技术能手

后勤服务的电路达人——王庆宝

王庆宝，男，1970 年生，中共党员，本科学历，“火车头”奖章获得者。1987 年参加工作，现任天津铁路专业技术服务中心电工，高级技师。

王庆宝作为一名高级电工技师，能够充分发挥本专业优势，积极为其所在的专业技术服务中心解决相关领域安全生产问题，从而为单位的发展提供了良好的技术支持与后勤保障。他认真学习新技术、新知识，开动脑筋，解决了很多技术难题。他积极完善中心的安全防盗措施，先后设计安装了远红外报警装置和视频监控系统。他在工作中严格要求，严把质量关，对不熟悉、不了解的积极利用网络查询学习，并向老师傅们请教，在沧江道院区施工改造及实训场地的施工中，积极与设计院联系、协调，搞好前期调研。他在施工中紧盯关键部位及隐蔽工程，发现问题积极与路局有关处室、设计院、监理单位、施工单位沟通配合，把问题解决在“萌芽”初期，杜绝不必要的损失，大大节约了施工成本。同时，他积极做好“传帮带”工作。作为一名经验丰富的电工技师，他经过自己的努力学习，通过了人力资源和社会保障部职业技能鉴定中心的考核，取得国家职业技能鉴定高级考评员资格，多次参加技能鉴定站组织的电工、维修电工电力线路工及电机检修工的实作技能鉴定工作，并在日常工作中言传身教，积极组织单位青年职工学习专业技术，帮助他们提升职业技能。他先后获得北京铁路局“优秀党员”“先进生产（工作）者”和中华全国铁路总工会授予的“火车头”奖章等荣誉。

荣誉

2014 年	优秀共产党员	路局级
2014 年	先进生产（工作）者	路局级
2015 年	先进生产（工作）者	路局级
2015 年	“火车头”奖章	总公司级

荣誉证书

王庆宝同志：

被评为优秀共产党员

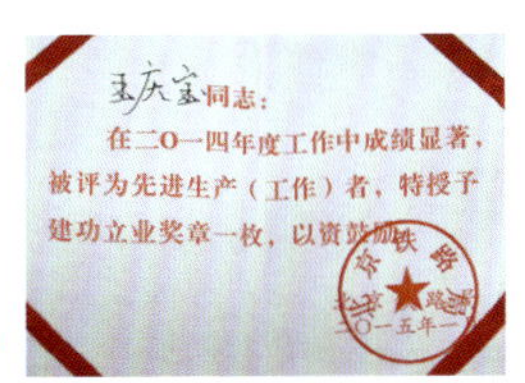

王庆宝同志：

在二〇一四年度工作中成绩显著，被评为先进生产（工作）者，特授予建功立业奖章一枚，以资鼓励。

火车头奖章

证书

中华全国铁路总工会

决定授予：王庆宝同志

火车头奖章。

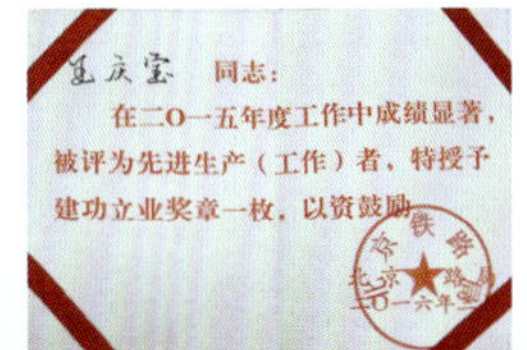

王庆宝同志：

在二〇一五年度工作中成绩显著，被评为先进生产（工作）者，特授予建功立业奖章一枚，以资鼓励

成果

1. 改良大功率用电设备

在食堂蒸箱、浴池的电加热器及宿舍空调等大功率用电设备安装微电脑定时器和相关设施，控制宿舍空调、洗浴用水加热与食堂蒸箱等大功率设备错峰用电，避免用电高峰重合。经过试验，效果比较明显，杜绝了空气开关烧坏的故障发生，既保证了电路安全，也防止发生过载短路现象。同时避免了造成不必要的浪费，并且有效地解决了电力变压器容量不足的问题。

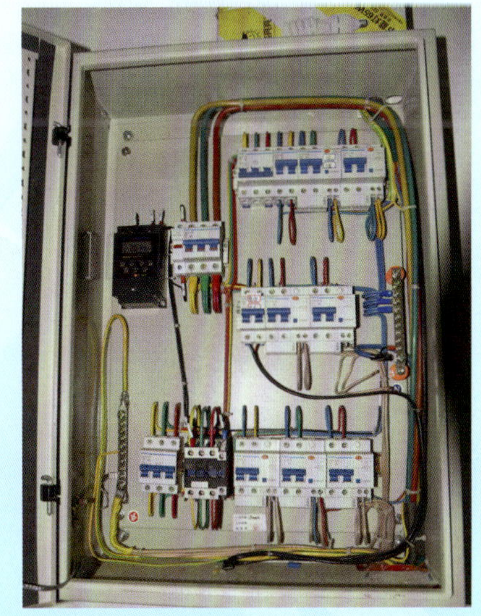

2. 改善供暖条件

由于单位在市政供暖管网的末端，冬季办公室、学员宿舍等温度低、暖气不热，为解决这一问题，王庆宝提出加装回水加压泵来提高暖气用水的循环流量，使室温提高了 3 ~ 5 ℃。

3. 扩容服务中心教室

为了克服服务中心教室小，不能满足办班要求的困难，王庆宝利用投影仪、液晶电视和摄像头等设备，使两个教室实现教师电脑课件、教学实况实时同步播放，有效地解决中心教室小，不能容纳较多培训学员的问题。

攻坚克难、勇于突破的技术能手——侯宇

侯宇，男，1980 年生，中共党员，本科学历，京铁工匠。2005 年 4 月参加工作，现任唐山供电段唐山高铁供电工区副工长，高级技师。

侯宇在工作中牢固树立高铁无小事的责任意识，在津秦高铁联调联试中，先后解决了唐山站津秦场无交叉线岔 A 柱及曲线处六跨式分相调整不到位的技术难题；在京沪高铁和津秦高铁提前介入和运行维护中多次发现重大设备缺陷，保障了管内接触网设备的运行安全。担任副工长期间，管内接触网设备未发生过段定责任故障及以上事故，他带领本班组职工利用轨道车库线架设的接触演练场完全按照正线标准施工，具备五跨绝缘锚段关节、交叉线岔、分段绝缘器、棘轮补偿装置等功能，目前是北京铁路局唯一一座完整的接触网演练场。他还利用轨道车站台架设了方便教学的地面演练场，经常利用演练场对职工进行培训，本班组职工的业务素质得到明显提升。2015 年，侯宇获得唐山供电段技术比武第一名，北京铁路局技术比武第三名，获得北京铁路局“技术能手”和“党员技术能手”荣誉称号。2017 年，他在第五届中国铁路职业技能大赛中取得接触网工组第三十名的成绩，同年获得北京铁路局“京铁工匠”荣誉称号。

荣誉

2015 年	技术比武第三名	路局级
2015 年	技术能手	路局级
2015 年	党员技术能手	路局级
2017 年	参加全国铁路职业大赛接触网工决赛	总公司级
2017 年	京铁工匠	路局级

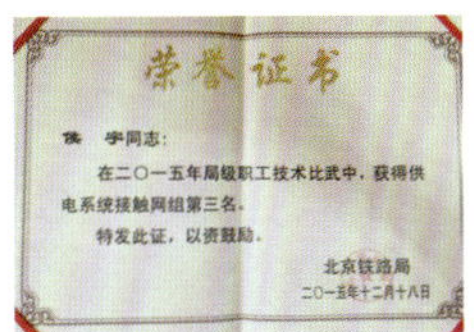
荣誉证书

侯 宇同志：

在二〇一五年局级职工技术比武中，获得供电系统接触网组第三名。

特发此证，以资鼓励。

北京铁路局

二〇一五年十二月十八日

荣誉证书

授予 侯 宇 同志：

2015 年度全局“党员技术能手”称号

获奖证书

侯宇 同志：

参加了第五届全国铁道行业职业技能大赛 [illegible] 决赛，并荣获第二十 名，特此证明。

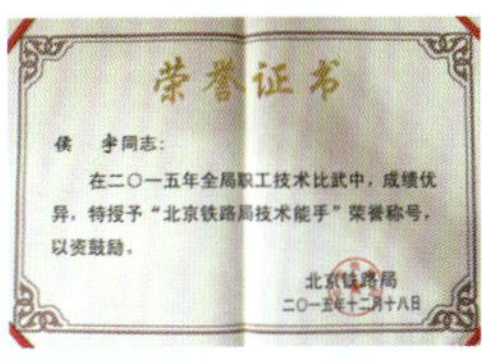
荣誉证书

侯 宇同志：

在二〇一五年全局职工技术比武中，成绩优异，特授予“北京铁路局技术能手”荣誉称号，以资鼓励。

北京铁路局

二〇一五年十二月十八日

荣誉证书

侯 宇 同志：

在2015年局级职工技术比[illegible]特授予“北京铁路局技术能手”[illegible]鼓励。

机车柴油机工匠——李箭

李箭，男，1975 年生，中共党员，全路技术能手。1995 年参加工作，现任天津机务段检修车间柴油机分解组班组长，高级技师。

李箭参加工作 20 多年来，一直从事各种车型内燃机车柴油机的检修工作，坚持以“毛泽东号”机车组为榜样，高标准、严要求，苦练过硬基本功，确保机车检修质量，先后技改技革 40 多项。他作为一线班组长，模范带头作用突出，创立了立体交叉工作法，带领班组职工解决多个生产难题。他还是天津机务段“大师工作室”的成员，带领职工完成技术创新成果 20 余项。通过自己多年的努力，李箭在 2006 年参加了路局级青年职工比武，取得了第三名的好成绩；2007 年又参加了丰台机务段青年职工比武取得第三名； 2014 年参加了第四届中国铁路总公司技能比武，取得了内燃机车钳工组第三名的好成绩，同年获得了路局“技术能手”荣誉称号。

2014 年	技术能手	路局级
2015 年	“火车头”奖章	总公司级
2015 年	党员技术能手	路局级
2017 年	京铁工匠	路局级
2018 年	优秀共产党员	站段级

中华全国铁路总工会
决定授予：李 箭 同志
火车头奖章。
火车头奖章
证书
中华全国铁路总工会
二〇一五年一月

荣誉证书
授予 李 箭 同志：
2015 年度全局“党员技术能手”称号

荣誉证书
李 箭同志：
被评为优秀共产党员

制作多种 DF8B 及 DF11 型机车专用工具

1995 年入路以来，李箭深知自己在工作中的不足，因此在工作中认真观察，虚心请教，在天津机务段 2012 和 2013 年间新增 DF8B 及 DF11 型内燃机车中修任务，原有专用及辅助工具都是针对 DF8B、DF4D 两种车型，与现状不能匹配。李箭利用休息时间进行测量实验，制作出多种 DF8B 及 DF11 型机车专用工具。比如 DF8B 及 DF11 型柴油机曲轴探伤专用过渡轴头、DF8B 及 DF11 型机车凸轮轴套筒、DF8B 及 DF11 型柴油机连杆螺栓拆装专用套筒的改造，既节省了车间大量的工具费，又大大提高了工作效率。其中 DF8B 型机车曲轴探伤过渡轴头和 DF8B 及 DF11 型机车凸轮轴导向套，获得段技术成果二等奖。

专业专注的救援首席技师——沈培国

沈培国，男，1967 年生，中共党员，中专学历，全路技术能手。1988 年入路参加工作，现任唐山机务段丰润救援车间救援机械司机长。

30 年来他励志创新，坚持多思、多学、多问，深入学习和研究救援设备各种修程，积累了大量的笔记和实物图片。2016 年他编写的《起重机故障处理手册》，以图文并茂的形式汇集 300 余项起重机常见故障处理。20 余项革新改造的成功运用，让他信心满满，热情高涨。2013 年冬季，北方地区气温降至 0 ℃以下，救援起重机、发电机等普遍存在启动困难、不能一触即发的问题。他经过反复琢磨、论证、安装调试，研制出的救援机械冬季预热装置成功解决了这一问题。2014 年在一次救援内燃机起重机连挂运行中，突然一声巨响起重机自动停车，原因是起重机自力走行装置误动作，形成齿轮耦合 。救援结束后，他只用了一周时间，研制了自力走行挂齿防护装置，投入使用后起重机自力走行装置误动作现象迎刃而解。2017 年他所在路局引进了德国起重机，说明书上的英文让救援机械司机们一头雾水，难以吃透弄懂设备的重点难点。他知难而上，编写了作业“三字经”和操作重点难点说明书，使得这一设备的操作由难而易。新起重机练习过程中总有误碰红色紧急停车按钮造成起重机停机问题，他又研制了紧急停车按钮防护装置填补了设备设计缺陷。他坚持对起重机革新改造，对救援设备搬运工具等进行改良，为救援工作有序推进，持续贡献着聪明才智，得到段领导的表扬和肯定。学贵以专，始得其巧。他对工作一丝不苟的态度正影响和带动着救援同仁，实现更快、更实、更好、更强的救援梦。

2008 年	技术能手	路局级
2008 年	职业技能竞赛救援机械司机第一名	路局级
2009 年	全路技术能手	总公司级
2011 年	救援机械司机首席技师	路局级
2014 年	救援机械司机首席技师	路局级
2017 年	救援机械司机首席技师	路局级
2017 年	先进生产（工作）者	站段级

荣誉证书

沈培国 同志：

荣获2009年度全路技术能手称号。

中华人民共和国铁道部
二〇〇九年四月

荣誉证书

沈培国同志：

在2010年度职业技能竞赛月活动中，荣获救援机械司机“对标停车、吊物180°对靶”项目竞赛全能第一名，并命名为段级技术能手，特颁此证书，以资鼓励！

唐山机务段
2010年6月

聘　书

兹聘任唐山机务段沈培国同志为北京铁路局救援机械司机首席技师

北京铁路局
2011年4月1日

荣誉证书

沈培国同志：

被评为2012年度合建技改先进个人

聘　书

兹聘任唐山机务段沈培国同志为北京铁路局救援机械司机首席技师

北京铁路局
2014年7月4日

荣誉证书

沈培国同志：

被评为2017年度先进生产(工作)者

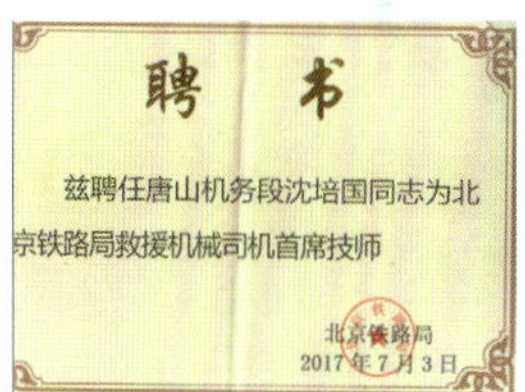
聘　书

兹聘任唐山机务段沈培国同志为北京铁路局救援机械司机首席技师

北京铁路局
2017年7月3日

青年技师——刘卿阳

刘卿阳，男，1992年生，大专学历，全路技术能手。2014年入路参加工作，现任唐山机务段唐山整备车间数据分析员。

在从事数据分析工作5年里，刘卿阳在工作中一直严于律己，精益求精，认真对待每一项工作。他在HXD2B型电力机车数据分析作业中多次发现机车疑难故障造成机车电机隔离，通过对以往故障数据进行统计、分析、对比，认真总结发生故障的原因所在，同时联系实际总结出相对应的故障分析方法，并与本组成员认真探讨，提高了本组数据分析的业务水平，并减少了故障的错误判断，减少了机车质量隐患。他对于速度传感器、辅变逆变器故障等问题不厌其烦深入研究并解决，积累了丰富的经验，得到大家一致认可。同时，他将自己积累的宝贵经验无私传授给车间新入职大学生。在平时的工作中，刘卿阳认真给他们讲解关于HXD2B型电力机车基本构造及各部分的组成及其作用，并在数据分析工作中，将自己的数据分析及故障处理的经验一一与其分享，使他们数据分析及故障处理的能力有了很大的提高。2016年9月，刘卿阳参加段举办的职工技术比武，获得段检修组职工技术比武第一名，同年11月取得路局级机务检修组职工技术比武第一名的好成绩，并获得“全路技术能手”“先进个人”等荣誉称号。

荣誉

2016 年	青年岗位能手	路局级
2016 年	技术比武机务系统机车钳工组第一名	路局级
2016 年	全路技术能手	总公司级

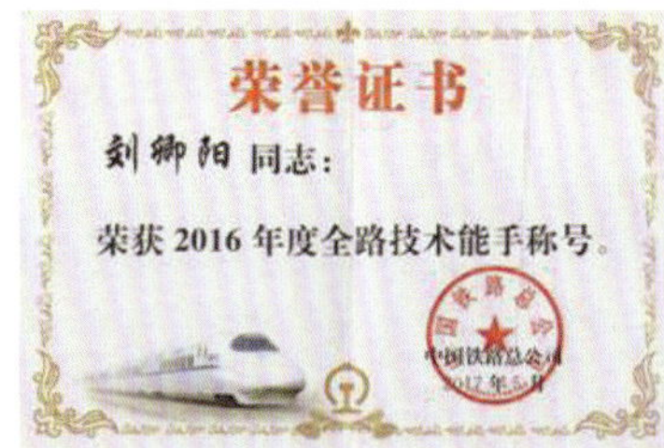
荣誉证书

刘卿阳 同志：

荣获 2016 年度全路技术能手称号。

中国铁路总公司

2017 年 5 月

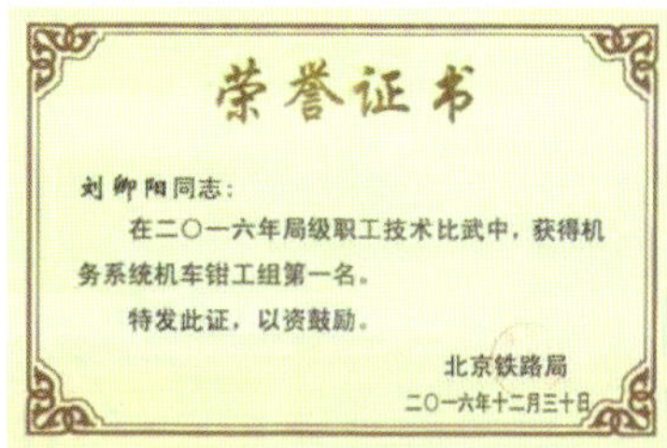
荣誉证书

刘卿阳同志：

在二〇一六年局级职工技术比武中，获得机务系统机车钳工组第一名。

特发此证，以资鼓励。

北京铁路局

二〇一六年十二月三十日

成果

改进速度传感器故障检修方法

2017 年 5 月，机车速度传感器故障的逐渐增多，加大了机车电机隔离故障率，更换机车速度传感器任务随之加重。由于分析不彻底、不到位的问题，导致机车整备进度下降，整备时间延长，更甚者会出现返手的问题。他经与车间领导讨论及研究，研发的 HXD2B 型机车速度传感器故障判断公式及详细的故障代码解析，既减少了职工的分析工作量，又提高了故障检修效率，减少了机车质量隐患，并保证了机车按时出库。

内燃机车司机的培养者——朱胜波

朱胜波，男，1974 年生，中共党员，全路技术能手。1995 年参加工作，现任唐山机务段丰润运用车间第三机车队第三指导组指导司机，高级技师。

朱胜波刻苦钻研专业技术知识，在提高自身业务水平的同时，做好对职工的培训教育工作。2014 年 11 月担当客车指导司机，作为新入职指导司机能较快地投入到指导司机的工作当中去。众所周知，指导司机既是执行者又是管理者，工作量很大，朱胜波克服了家在异地、新接指导组情况不是很熟悉等困难，将指导组的工作稳步推进，其所在班组连续被评为段“先进班组”。朱胜波在担当指导司机期间编写旅客列车操纵办法并在全段旅客列车操纵中得到推广，在全路指导司机经验交流会上得到好评。严格落实作业标准，争做岗位标兵。2016 年度他指挥处理故障 11 起，在职工中树立较大威信，年内未发生“机破临修”问题。同时他被指定参与 2017 年春季路局编写、审核《HXD3D 电力机车原理与操作》一书。2014 年，朱胜波参加路局平稳操作总技术演练比赛，并取得第一名；凭着过硬的本领，闯入第四届全国铁道行业职业技能大赛电力机车司机决赛，获得“毛泽东号司机”荣誉称号。2017 年，他相继获得中国铁路总公司“全路技术能手”“党员技术能手”，以及路局“先进生产（工作）者”等荣誉称号。

荣誉

2014 年	参加全国铁道行业技能大赛电力机车司机决赛	总公司级
2014 年	“毛泽东号”司机	路局级
2014 年	先进生产（工作）者	路局级
2017 年	党员技术能手	路局级
2017 年	技术能手	路局级
2017 年	全路技术能手	总公司级

荣誉证书
授予 朱胜波 同志：
2017年度“党员技术能手”称号

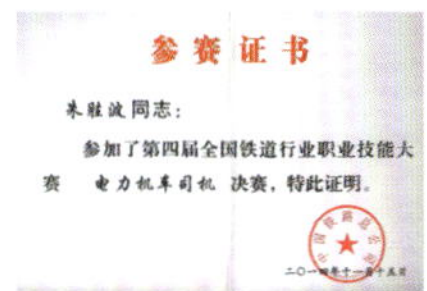
参赛证书
朱胜波同志：
参加了第四届全国铁道行业职业技能大赛 电力机车司机 决赛，特此证明。

授予：朱胜波同志
“毛泽东号”司机

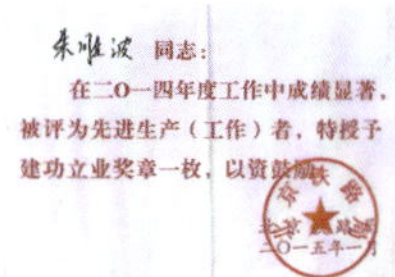
朱胜波 同志：
在二〇一四年度工作中成绩显著，被评为先进生产（工作）者，特授予建功立业奖章一枚，以资鼓励。

成果

1. 妥善处理，避免重大事故

朱胜波在 2016 年暑期专运期间值乘担当 T133 次双机牵引专运任务，运行中发现机车抱闸及时就地停车并向有关部门汇报，进行甩车处理防止有可能发生的重大事故，并获得了铁路局重大奖励。在指导司机任职期间直接担当专运重点列车牵引任务 6 次；担当专运重点列车前行 38 列次，未发生任何问题，得到领导和同事的一致好评。

2. 认真检车，一丝不苟

在日常行车工作中，朱胜波始终把加强学习、不断提高自己的列车精细化操纵技术业务素质当作首要任务，以提高自身综合素质起到示范引领的作用。作为一名司机标杆，他在每次出乘前对使用的机车进行认真检查，总是把“要想火车跑得好，就要把车先看好”作为自己的口头禅，提醒自己，也提醒身边的每一位乘务员。在每一趟机车准备出库前，只要是添乘，他总是和乘务员共同检查机车，秉着“千里之行，始于足下”的理念，把机车认真细致地检查好，不留任何死角。2011 年以来，凡他添乘、担当的出库机车，未发生任何质量问题。

3. 手把手提高司机业务水平

朱胜波从乘务员的作业习惯抓起，让干惯了、做惯了、习以为常的行为，变成规范的作业，从小事抓起，从细节入手，向良好操纵习惯要平稳，向良好操纵习惯要舒适。他查阅了大量资料，通过牵引计算结合各种规章制度，经过无数次的计算、制表及整理，编写出客车操纵办法。该操纵方法在其所在段牵引的客车中进行了全面的推广，得到了一线乘务员的普遍好评。

业务熟练、技术精湛的技术能手——竭勇

竭勇，男，1980 年生，大专学历，全路技术能手。2000 年参加工作，现任唐山供电段唐山供电维修车间接触网工，接触网工高级技师。

竭勇业务能力突出，在第四届铁道行业职业技能大赛中，取得接触网工决赛第十二名的好成绩，并获得“全路技术能手”称号，同时被聘为北京铁路局首席技师。竭勇在 2015 年、2017 年、2018 年春运临客值乘并担任列车长期间，与老车长一起制定值乘一日作业标准，优化作业方案，提高职工思想认识，圆满顺利地完成春运临客值乘工作。在日常工作中，他充分发挥技师“传帮带”作用，利用业余时间组织职工学习技术规章、事故案例等，提高职工业务水平，特别是在 2017 年，车间组织骨干去他所在段教育科演练场进行实作演练培训，提高职工应急水平。在他的精心指导下，车间 7 名维管职工在参加路局技术比武中均取得优异成绩，全部转为正式铁路工。

他认为，“一分耕耘、一分收获”，成功没有什么捷径，只有在平时多学理论知识、强实作能力、勤总结经验，理论联系实际，不断提高技术业务水平，才能实现自身价值，为保证铁路安全发展、科学发展，实现“交通强国，铁路先行”目标不懈奋斗。

2014 年	全国铁道行业技能大赛接触网工决赛第十二名	总公司级
2014 年	全路技术能手	总公司级
2015 年	接触网工首席技师	路局级

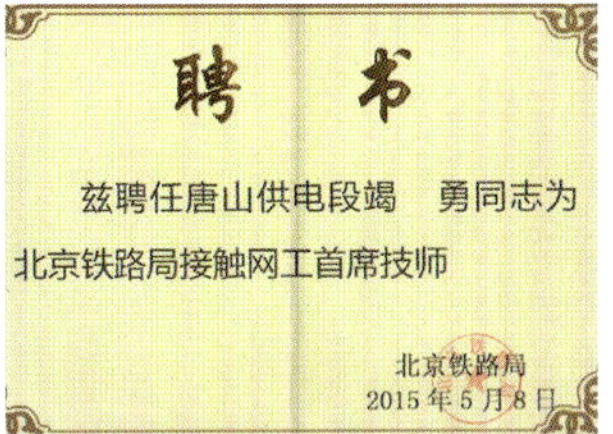

聘　书

兹聘任唐山供电段竭　勇同志为北京铁路局接触网工首席技师

北京铁路局

2015 年 5 月 8 日

荣誉证书

竭　勇 同志：

荣获 2014 年度全路技术能手称号。

中国铁路总公司

2014 年 11 月

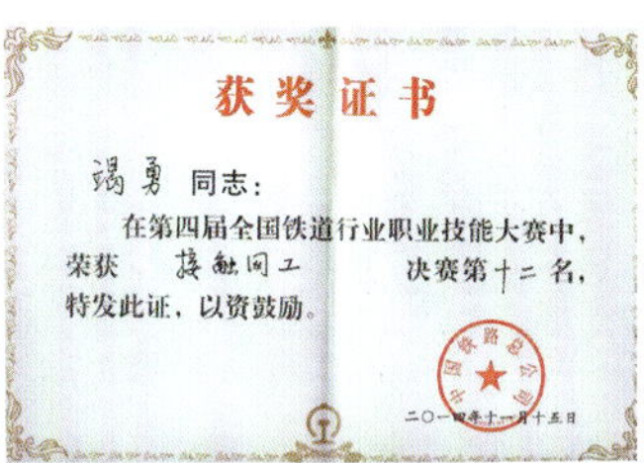

获 奖 证 书

竭 勇　同志：

在第四届全国铁道行业职业技能大赛中，荣获　接触网工　决赛第十二名，特发此证，以资鼓励。

二〇一四年十一月十五日

电脑高手——王丰

王丰，男，1981 年生，本科学历，全路技术能手。他毕业于北京交通大学， 并取得了计算机学士学位，2014 年 3 月调入京津城际车间 RBC 工区工作。

王丰擅于学习，并能在工作中充分发挥自己的计算机特长，开发了一系列辅助生产的管理软件。他努力拓宽自己的知识面，以最快的速度成为一名合格的高铁建设者，发挥了模范带头作用。他在京津城际从事信号设备维修保养工作以来，付出了辛勤的劳动和汗水，从工作中逐渐对高铁信号设备有了一个全面的了解和掌握。在这一年里，他尽快学习和掌握高铁设备的原理和设备运用特点，很快熟悉了高铁信号的业务知识，掌握了相关规范标准，从而进一步掌握了高铁信号设备的重点、难点和关键点，为高质量完成好工作打下了坚实基础。他遵守班组的各项规章制度，兢兢业业做好本职工作，用满腔热情积极、认真地完成好每一项任务，履行岗位职责。同时，他关心年轻同志，切实发挥好“传帮带”作用。由于工区年轻人比较多，虽然他们有着一定的理论知识，但是实际工作的经验少；虽然他们有着迫切的求知欲望，但是又不知从何入手。为此，他在工作中尽量运用自己所掌握的知识，帮助他们理论联系实际，使他们逐步树立“安全第一，精检细修”的理念。

荣誉

2012 年	合理化建议和技术改进成果三等奖	路局级
2013 年	全路技术能手	总公司级
2015 年	先进生产者	站段级
2016 年	先进生产者	站段级
2016 年	高速铁路技术比武一等奖	站段级
2017 年	优秀质量管理成果奖	路局级

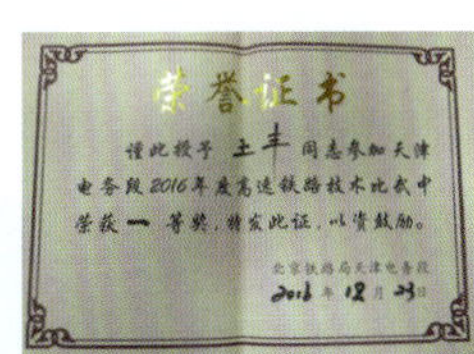

成果

1. 利用专长开发一系列技术管理软件

王丰充分发挥自己的计算机专长，利用业余时间开发了“高铁设备台账管理系统”。该系统包含室内设备、室外设备、备用器材、工具仪表等各类项目，并能做出合理的功能规划，荣获北京铁路局 2012 年“合理化建议和技术改进成果三等奖”。他先后设计并开发了“机械室温度报警系统”“高铁控制台分布式系统”等多个项目，解决了高铁技术业务管理所遇到的诸多实际问题。为了推行高铁标准化作业，保障高铁天窗作业的各项安全和闭环管理，他于 2016 年 1 月完成了“高铁信息化管理系统”整体项目的开发。该系统已投入到 3 个高铁车间，17 个现场班组，能满足现场实际作业需要，深受领导的认可和职工的好评。该成果获得“全国铁道行业质量管理小组活动成果发布邀请赛优秀奖”。

2. 研发“监测宝”手机管理 APP

在高铁车间工作的这段时期，他所管辖的信号设备发生过不同程度的故障。针对每起故障发生的原因特点，他认真总结维修经验，对道岔曲线、轨道曲线、道岔缺口、微机监测中出现的异常和故障现象进行分析。通过 3 个月的技术攻关，他所负责的“时光机”QC 小组研发出“监测宝”手机管理 APP，辅助高铁微机监测闭环管理，防患于未然。通过提前发现、提前预防，及时消除设备隐患，为高铁的正常行车秩序保驾护航。该成果获得“全国铁道行业质量管理小组活动成果发布邀请赛优胜奖”。

勤奋学习、热爱发明的创新能手——韩龙

韩龙，男，1976 年生，本科学历，高级技师。1996 年参加工作，现任唐山电务段信号检修车间唐山检修综合工区工长。

在从事信号综合器材及电源屏检修工作 13 年中，韩龙不断总结检修经验，改进检修工艺和检测手段，先后研制出 HF4 型防护盒辅助测试仪、ZPW-2000 发送器 / 接收器故障试验台、变压器测试台自动转接装置、继电器接点自动清洗系统等。这些成果不但提高了劳动生产率，而且改善职工在检测过程中的安全条件。工作中刨根问底是他的习惯，生活中观看央视《我爱发明》节目是他最大爱好。在一个个创意中，他总能找到与检修工作契合的灵感，从而形成一个又一个发明创造的念头。作为检修综合工区的班组长，他将自己工作和研发经验毫无保留地和青年职工分享。在他的带领下，整个工区形成了热爱学习、勇于创新的工作氛围。

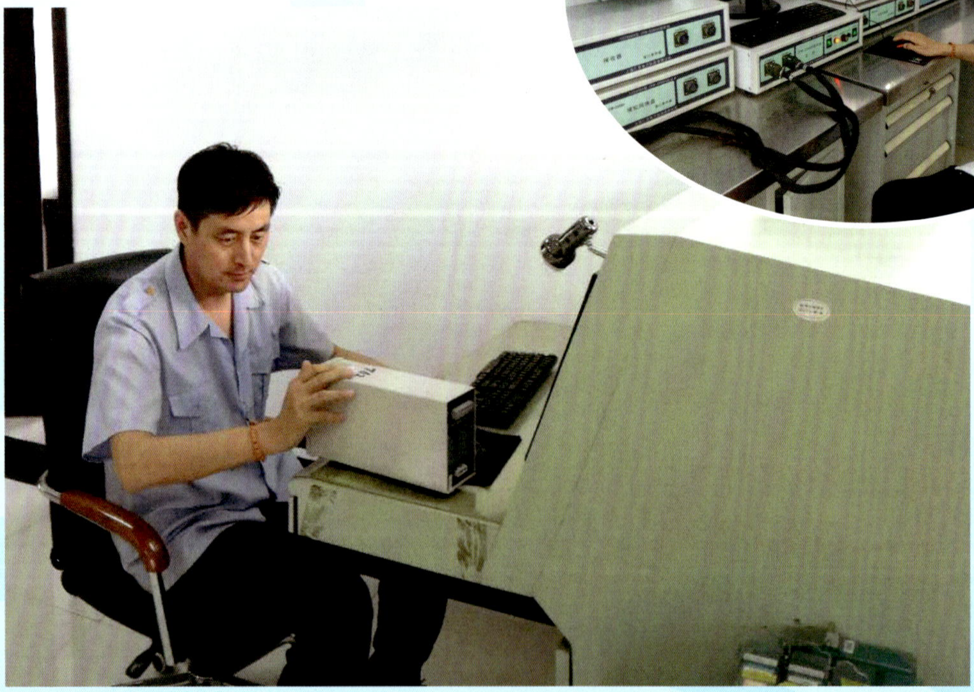

荣誉

2012 年	合理化建议和技术改进成果三等奖	路局级
2017 年	合理化建议和技术改进成果三等奖	路局级
2017 年	合理化建议和技术改进成果优秀奖	路局级

成果

1. ZPW-2000 发送器 / 接收器故障实验台

ZPW-2000 发送器 / 接收器故障实验台能够在检修基地全面模拟现场机械室的环境条件及电气条件（温度、湿度、振动、电压、电流、频率）。通过检测能够准确筛查出返修器材中老化器材，保证设备在上道使用时的应用质量。通过一年的应用，返修器材故障率降低了 85%，极大地减少了因处理故障造成的延时。此成果获得 2017 年度路局 " 合理化建议和技术改进成果三等奖 "。

2. 变压器测试台自动转接装置

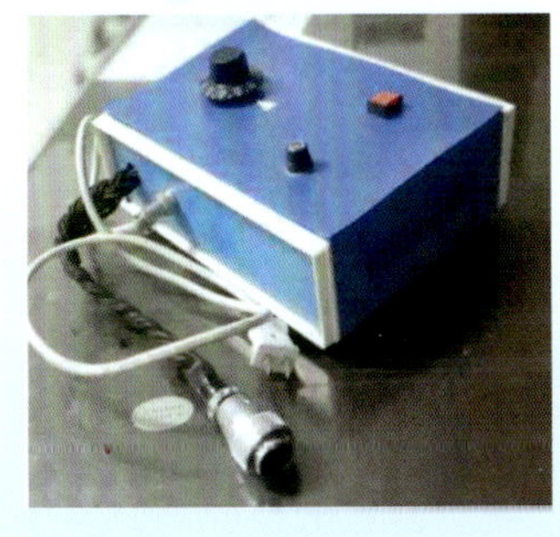

变压器测试台自动转接装置改变了以往在测试变压器时，连接测试台过程中繁琐而危险的连接方法，只需将变压器通过插接的方法与转换装置相连接，就能完成变压器与测试台之间的连接，然后进行测试。连接时间由原来的 10 min/ 台，缩短到 3s/ 台，工作效率提高约 200 倍。同时由于进行了防电处理，杜绝了测试人员在连接过程中导致的触电危险。此项研究获得 2017 年度路局 “合理化建议和技术改进成果优秀奖”。

3. 继电器接点自动清洗系统

以往继电器接点在清洁擦拭时不仅对继电器机械特性造成影响，而且工作效率低下。继电器接点自动清洗系统以超声波清洗原理为基础，在不破坏继电器机械及电气特性的同时，高效稳定地完成清洗过程，提高效率 50 多倍。此成果获得 2017 年度路局 “合理化建议和技术改进成果优秀奖”。

4. HF4-25 防护盒辅助测试仪

HF4-25 防护盒辅助测试仪通过万能转换开关取代测试过程中繁琐的倒接线头的程序。只需要调整开关就能将配线进行倒接，提高劳动效率 20 多倍。同时，避免了在倒接过程中电容放电导致的触电事故的发生。此成果获得 2012 年度路局 “合理化建议和技术改进成果优秀奖”。

技术能手

业务过硬、技术精湛的技术能手——檀振宇

檀振宇，男，1976 年生，大专学历，路局首席技师。1995 年参加工作，现任唐山车务段福山寺站站长，技师。

檀振宇从参加工作开始，一刻也没有放松过技术业务知识以及有关规章的学习，做到不会就学，不懂就问，逐步地掌握并能熟练运用铁路运输中各种技术业务知识。“无论技术发展到什么程度，人是把控任何技术的第一终端关键因素。咱铁路的第一要务就是要确保安全，说到底安全要靠人来保障的，而人要是放弃了业务知识的学习，那就会被淘汰。”在谈及确保铁路安全生产这个话题时，檀振宇的哲思很清晰。2014 年春，檀振宇代表唐山车务段参加了路局举办的技术比武，取得了车务系统行车组第一名的优异成绩。2017 年，檀振宇在第五届全国铁道行业职业技能大赛中，取得车站值班员组第四名的好成绩，为自己和单位赢得了荣誉。

荣誉

2014 年	技术能手	路局级
2014 年	车务系统行车组第一名	路局级
2014 年	先进生产（工作）者	路局级
2014 年	车站值班员首席技师	路局级
2017 年	全国铁道职业大赛车站值班员第四名	总公司级

檀振宇 同志：

在二〇一四年度工作中成绩显著，被评为先进生产（工作）者，特授予建功立业奖章一枚，以资鼓励。

二〇一五年一

聘 书

兹聘任唐山车务段檀振宇同志为北京铁路局车站值班员首席技师

北京铁路局

2014 年 7 月 4 日

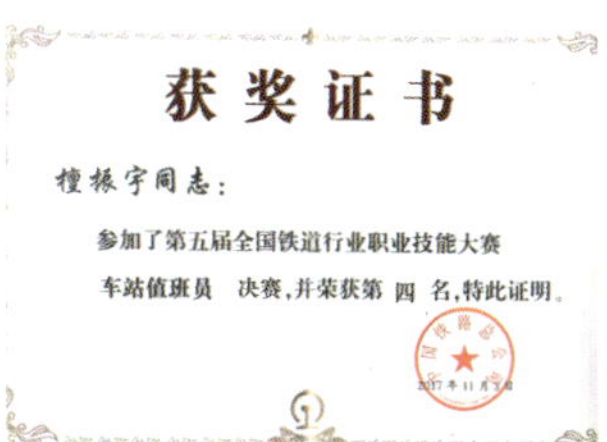

获 奖 证 书

檀振宇同志：

参加了第五届全国铁道行业职业技能大赛车站值班员 决赛，并荣获第 四 名，特此证明。

复兴号的“洗肺”能手——于俊杰

于俊杰，男，1972 年生，大专学历，路局首席技师。1991 年 12 月参加工作，现任天津动车客车段天津动车运用所动车三班组工长，高级技师。

在他担任高级技师的几年中，是我国铁路发展突飞猛进的时期，无论是技术水平还是综合运用，日新月异，他深深体会到了高技能人才对铁路跨越式发展的重要性。根据工作需要，他服从领导安排，2009 年被调动到北京动车段北京南动车车间工作。激动之余，更多的则是焦虑，虽然他已有 20 多年的工龄，但基本上都是在既有的车间里度过的。虽然从 2003 年一直担任工长的工作，取得了一定的成绩，也得到了领导的认可和职工的一致好评，但是在北京动车段，他面临着全新的岗位、全新的环境、全新的车型、全新的群体，如何很快地掌握新的知识、新的技术以适应时代需要，成为班组的技术骨干、技能精英，真正成为知识型、创造型劳动者，是摆在他面前必须亟待解决的问题。通过努力，他先后获得路局“标准化班组长标杆”“优秀共产党员”荣誉称号，2017 年被聘为路局动车组机械师首席技师。

荣誉

2015 年	标准化班组长标杆	路局级
2015 年	优秀共产党员	路局级
2017 年	动车组机械师首席技师	路局级

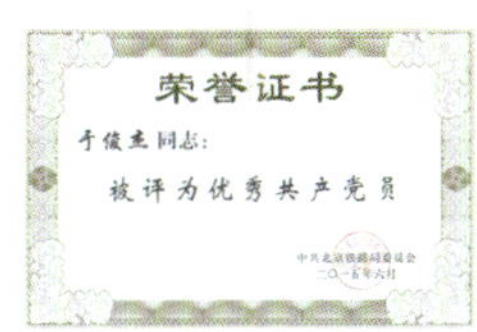
荣誉证书
于俊杰同志：
被评为优秀共产党员

荣誉证书
于俊杰同志：
被评为2015年度
标准化班组长标杆

聘书
兹聘任天津动车客车段于俊杰同志为北京铁路局动车组机械师首席技师
北京铁路局
2017年7月3日

成果

动车组清网管理系统

在全路大力倡导安全出行、舒适出行的前提下，清网作业作为动车所的检修任务中的一环，特别是夏季的清网作业显得尤为重要。动车组的构造决定了空调正常运转的重要性，一旦空调发生故障新风将无法进入车厢，将产生严重的通风问题。所以清网作业质量的好坏，将直接影响旅客是否可以舒适出行。在动车组清网管理系统没有研发出来之前，日常的清网作业都是以粘贴色带的形式进行。具体就是作业人员在确认接触网无电，接地杆已挂好，动车组已断电降弓的作业条件下清网质检在需要打开裙板的底板边缘上粘贴好色带，清网作业人员用一字螺丝刀拆下裙板锁扣后，用四角钥匙打开对应位置的裙板。在对牵引变流器牵引变压器清网作业后，对安装螺栓进行 17.5 N•m 扭力校核。清网作业人员恢复打开的裙板，质检员用 30 N•m 扭力校核后安装锁扣并重新涂打防松标记，最后由质检员收回色带。这一过程中存在着漏摘的现象，色带粘贴错误，造成裙板误开现象。因为清网班组新员工较多，对色带粘贴位置掌握不牢，一旦误开裙板，如果处理不当，可能发生严重的安全事故。为了更加安全有效地提高劳动效率，切实实现闭环管理，动车所联系科研部门共同研发了动车组清网管理系统软件。该软件是由主控 PC 与若干手持终端通过网络连接组成的一套作业管理系统。该系统通过批量导入车组状态信息自动生产作业任务计划，人工确认计划的方式下发到手持终端。作业者持终端完成作业，任务进度在主控 PC 端与手持终端同步显示，这样可以较大提高工作效率和准确度。

岗位标兵

Gangwei Biaobing

建功立业“三八”红旗手——王守彤

王守彤，女，1972 年生，中共党员，大专学历，京铁工匠。1993 年 8 月参加工作，现为天津车辆段配件车间铁路探伤工，高级技师。

她从事超声波探伤工作 20 多年以来，严格按工艺标准作业，认真探伤每一条轮对，杜绝漏检漏修现象的发生。她多次发现车轴材质不良、轮座镶入部接触不良、轮座镶入部外侧伤、轮座镶入部内侧裂、轴颈卸荷槽裂纹等问题，并先后 12 次受到路局发现重大典型故障奖励。2007 年，她参加路局举办的超声波探伤技术比武，并取得第二名的成绩。她并没有骄傲，紧接着在 2008 年路局举办的车辆系统探伤职业竞赛中荣获第二名。她积极参加段、路局举办的各种职业竞赛，并均取得优异成绩。她先后获得 2011 年度路局“三八”红旗手，2013 年度发现和防止安全重大隐患个人记功荣誉，2014 年度天津市“五一”劳动奖章，2014 年度京铁巾帼建功立业“三八”红旗手，2015 年度京铁巾帼建功立业“三八”红旗手，2015 年度京铁巾帼建功立业路局“十佳女职工岗位标兵”，2015 年度路局“标准化职工标杆”等各项表彰。

荣誉

2013 年	发现和防止安全重大隐患个人记功	路局级
2014 年	天津市“五一”劳动奖章	省级
2014 年	京铁巾帼建功立业“三八”红旗手	路局级
2014 年	探伤工首席技师	路局级
2015 年	十佳女职工岗位标兵	路局级
2015 年	标准化职工标杆	路局级
2015 年	铁路文明家庭	路局级
2016 年	标准化先进职工	路局级
2017 年	京铁工匠	路局级

聘　书

兹聘任天津车辆段王守彤同志为北京铁路局铁路探伤工首席技师

北京铁路局
2014 年 7 月 4 日

荣誉证书

王守彤 同志：

被评为京铁巾帼建功立业“三八”红旗手

北京铁路局　北京铁路局工会
二〇一四年三月

荣誉证书

王守彤同志被评为京铁巾帼建功立业“十佳女职工岗位标兵”

北京铁路局　北京铁路局工会
二〇一五年三月

总结判别伤波方法

面对铁道车辆技术发展和铁路探伤设备不断更新的新形势，王守彤不断加强学习，带领全组对于新设备在使用中遇到的问题和新型轮对的检修展开攻关，解决了微机控制探伤机日常使用中的问题，提高了轮对探伤质量。针对 RE2B 型车轴轴颈根部杂波多，误判率高造成退卸轴承多，从而影响修车成本问题，她经过大量试验，波形对比分析，总结出了一套判别伤波的方法，解决了 RE2B 型轮轴轴颈误判率高的问题，减少了成本支出。近两年，轮对镶入部内侧出现裂纹较多情况，她提示班组职工加强了对镶入部内侧的重点检查，并将自己在工作中不断摸索和总结出来的经验，传授给班组职工。她利用业余时间组织探伤工学习，为他们讲解理论知识，结合工作实际，现场进行示范讲解，使他们在探伤操作上掌握好方法，养成好习惯，提高了配件探伤质量。

百强检车员——刘文兵

刘文兵，男，1970 年生，中共党员，中专学历，全路技术能手。1988 年参加工作，现为天津车辆段南仓运用三车间货车检车员，高级技师。

刘文兵同志是一名普通货车检车员，从学徒工到如今的高级技师，展现出了当代铁路职工积极向上、勇于拼搏的精神。“认认真真做事，踏踏实实做人”这句话，是他一生不变的信念，他凭借着勤奋和执着在这平凡的岗位上度过了 30 多个春秋。无论酷暑严寒，无论风雨交加，他始终坚持着自己的理想和信念。他曾连续多年被评为路局级、段级先进职工，2007 年获得“火车头”奖章，2008 年度获得铁道部命名“王德明式星级检车员”“百强货车检车员”称号，2010 年获得路局“十大安全标兵”称号，2011 年度获得铁道部命名“王德明式星级检车员”“百强货车检车员”称号，2015 年获得“火车头”奖章，2016 年度获得中国铁路总公司“全路标准化检车员”称号，2016 年度获得路局“标准化职工标杆”称号，这些荣誉的背后是他 30 年如一日的坚守和执着。

荣誉

2008 年	百强货车检车员	总公司级
2010 年	十大安全标兵	路局级
2011 年	百强货车检车员	总公司级
2011 年	王德明式星级检车员	总公司级
2015 年	“火车头”奖章	总公司级
2016 年	全路标准化检车员	总公司级
2016 年	标准化职工标杆	路局级

荣誉证书
刘文兵同志：
被评为2016年度
标准化先进职工

奖状
刘文兵同志：
您在2011年度被评为全路“王德明式星级检车员”，特发此状，予以奖励！
铁道部运输局
二〇一一年十二月

奖状
刘文兵同志：
您在2011年度被评为全路“百强货车检车员”，特发此状，予以奖励！
铁道部运输局
二〇一一年十二月

全路技术能手
中国铁路总公司

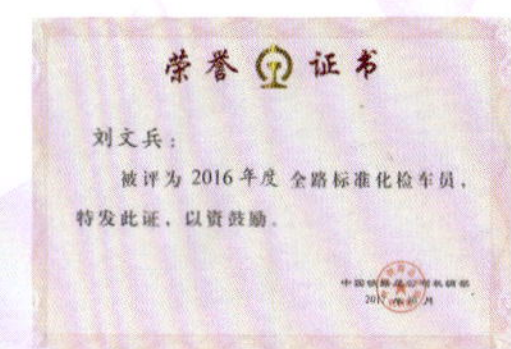
荣誉证书
刘文兵：
被评为2016年度全路标准化检车员，特发此证，以资鼓励。

荣誉证书
刘文兵同志：
被评为2016年度
标准化职工标杆

大师级“钢轨医生”——袁小冬

人物

袁小冬，男，1970年生，中共党员，全国技术能手。1989年6月参加工作，天津工务段“袁小冬探伤技能大师工作室”团队技术带头人，高级技师。

以袁小冬为引领的“袁小冬探伤技能大师工作室”领导小组和专业技术骨干在确保安全、提高效率、节支创效、改进管理等工作中发挥重要作用。他结合探伤工作实际，研究制定了工作室的会议制度，身体力行，牺牲个人业余时间研究创新项目，制定工作规划，为骨干队伍带了个好头。几年来，他带领大师工作室团队改进、创新探伤技术，解决现场技术难题。先后有4项成果成功申报，其中自主研发制作的钢轨焊缝穿透式探伤扫查装置荣获路局2015年度科技进步二等奖。FCD-1型钢轨焊缝扫查架装置经路局专家评审鉴定，被评为全路领先水平。长心轨轨底探伤装置和车载探伤仪固定装置等研发成果，分别解决了现场探伤疑难部位探测的关键和探伤仪器运输过程中固定问题。新产品、新工艺的投入使用，有力地促进了现场安全作业能力的提高。2017年中国铁路总公司在武汉举办的“大师工作室成果展示会”上，他创作的参展产品，被中国铁路总公司评为三等奖。

荣誉

2008 年	“火车头”奖章	总公司级
2008 年	全国铁道行业职业技能大赛第二名	总公司级
2008 年	全路技术能手	总公司级
2008 年	全国技术能手	国家级
2008 年	技术能手	路局级
2008 年	职业技能竞赛第二名	路局级
2010 年	十大技术能手	路局级
2010 年	学习型职工标兵	路局级

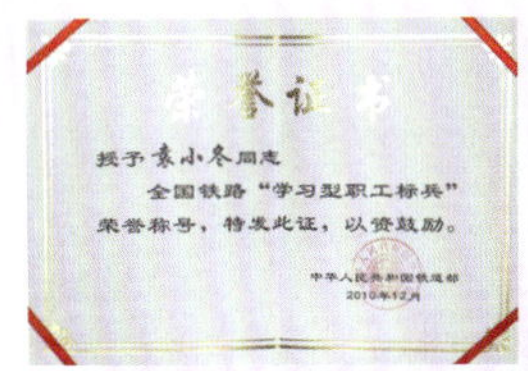

成果

1. 钢轨侧面探伤仪

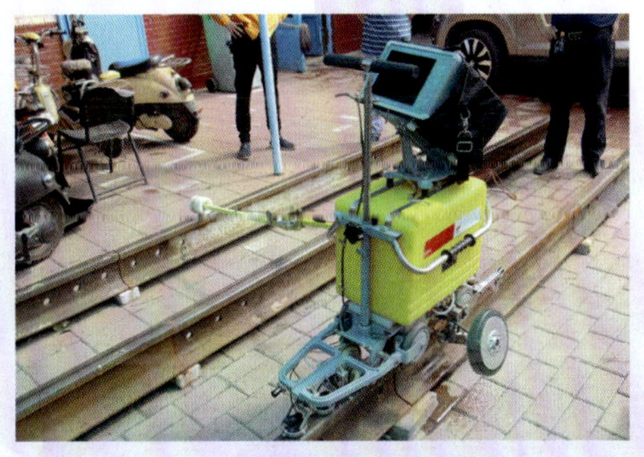

袁小冬研制的轮式手推车型钢轨侧面探伤仪，以轮式探头代替原来的硬质滑式探头，以轮式 70°探头 1 次波探伤代替原来的 2 次波探伤，从而解决侧磨轨探伤的难题。该探伤仪通过多次试用，增加了轨头侧面探伤功能，解决了多年来钢轨侧磨、鱼鳞伤、剥离掉块等隐蔽伤损的难以检出问题，并且尖轨 20 ~ 50 mm 也能得到有效检测，效果良好，深受现场职工们的认可。与原有探伤手段相比，伤损的检出率高，判别精度大幅提高，减少了漏检和误判，对确保铁路运输安全起到了重要作用，解决了多年来探伤中的一项技术难题，达到了预期效果，具有较高的推广应用价值。

2. FCD-1 型焊缝扫查架

焊缝伤损复杂多样，尤其铝热焊焊缝及热影响区伤损更为突出，为了解决这些问题，袁小冬及其同事综合了串列式探伤法、穿透式探伤法和单探头探伤法的特点研制出 FCD-1 型钢轨焊缝扫查架。该设备能对焊缝及热影响区的轨腰投影同时进行上述各个探伤方法的探测，弥补了原有扫查装置的不足。

创先争优的服务明星——陈智波

陈智波，男，1978 年生，中共党员，大专学历，“火车头”奖章获得者。2000 年 8 月参加工作，现为沧州车务段德州站客运值班员。

陈智波工作认真负责，踏实努力，工作中严格落实各项规章制度和作业程序，做到一丝不苟，不打折扣，充分发挥了一名共产党员的先锋模范作用。他在平时的作业中做到诚心待客、热情服务，始终将“旅客至上”的理念贯彻到服务工作中，在工作中不断挖掘旅客多方面的需求，不断地创新自己的服务理念，增强服务意识，确立一切为了旅客需求的服务原则。为提升服务水平，智波服务组集中群众智慧，形成了“五多”特色服务法，即服务旅客时多一些温馨、旅客乘降时多一些搀扶、旅客困难时多一点帮助、旅客问询时多一点耐心、标准上岗时多一份热情。“智波服务法”是班组成员的集体智慧，它有着广泛的旅客基础，事实证明，它在每年春运实现“平安春运、有序春运、温馨春运”目标过程中，有效提升了服务水平，得到了旅客的认可。“智波服务组”自成立以来分别受到地方媒体德州电视台、德州晚报表扬各 2 次，12306 网站表扬 13 次，收到锦旗 18 面，赢得旅客及上级领导的一致好评，树立了社会的良好形象。在“智波服务组”的带领下，德州站客运车间，营造出为旅客服务“比、学、赶、超”的良好氛围，客运服务水平有了明显提升，确保“三个出行”目标的更好实现。以陈智波为班组长，以他的服务理念为主体成立的“智波服务组”在 2013 年被路局评为“党内优质品牌”。他个人也多次获得段级、路局级“先进生产（工作）者”“优秀共产党员”“火车头奖章”等荣誉。

2012 年	创先争优服务明星	总公司级
2012 年	优秀共产党员	路局级
2012 年	先进生产（工作）者	路局级
2013 年	优秀共产党员	路局级
2014 年	优秀共产党员	路局级
2014 年	先进生产（工作）者	路局级
2015 年	优秀共产党员	路局级
2016 年	先进生产（工作）者	路局级
2016 年	“火车头”奖章	总公司级

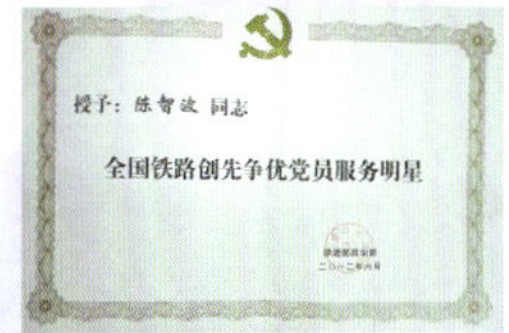
授予：陈智波 同志

全国铁路创先争优党员服务明星

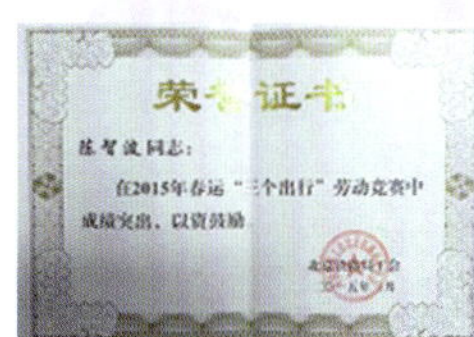
荣誉证书

陈智波同志：

在2015年春运“三个出行”劳动竞赛中成绩突出，以资鼓励。

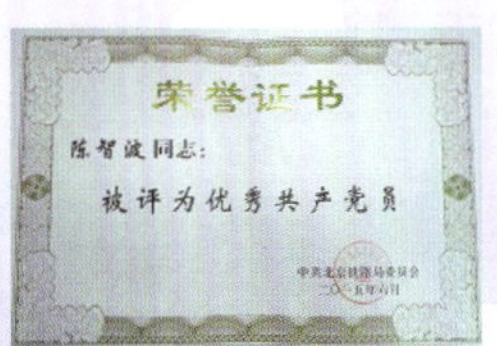
荣誉证书

陈智波同志：

被评为优秀共产党员

中共北京铁路局委员会

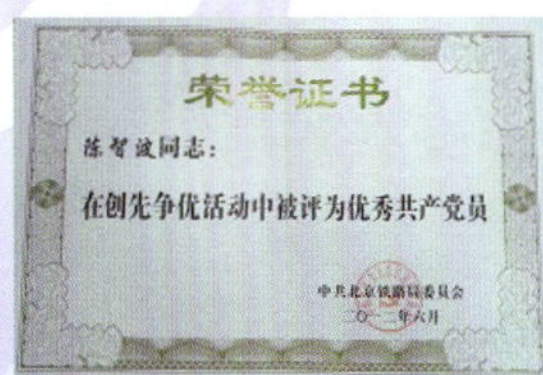
荣誉证书

陈智波同志：

在创先争优活动中被评为优秀共产党员

中共北京铁路局委员会

二〇一二年六月

火车头奖章

证书

中华全国铁路总工会

决定授予：陈智波同志

火车头奖章。

配电值班运行高手——贺敬文

贺敬文，女，1976 生，本科学历，路局“三八”红旗手。1997 年参加工作，现任天津供电段南仓配电所工长，配电值班员高级技师。

她勤学苦练，做技术精湛的“尖子”。南仓配电所供电范围涉及南仓地区编组场、到达场、直通场以及站区相关单位的生产生活用电，设备繁杂，责任重大。自从调入南仓配电所以后，她勤学苦练基本功，注重日常积累，不断给自己“充电”。她利用业余时间自学变配电专业本科课程，通过孜孜不倦的学习换来了理论知识的丰富。工作中她坚持多走一步、多看一眼、多问一句，做到了腿勤、眼勤、嘴勤，凡是设备运行、检修中出现的疑点和难点问题，她都记在笔记本上，作为研究的攻关课题。她坚持对高低压设备的构造原理、接线方式、逻辑控制等进行系统学习，将所学知识运用到日常工作中，熟练掌握了设备应急处理方法，做到了常见故障能够自主排除，为保障供电畅通提供强有力保障。

她恪尽职守，做攻坚克难的“强人”。近年来，所内电磁保护运行中多次出现灯动回路短路故障引起本所电源及上级电站越级跳闸的情况，扩大了事故范围。面对此种情况，她认真分析跳闸原因，反复研究解决方法，最终提出“在电源速断保护回路加上适当延时”的可行性方案，达到了本柜速断保护不影响电源速断跳闸，不出现越级跳闸顶掉电源目的。此外，她还结合工作实践，及时修订完善应急故障处理预案，组织职工反复学习和模拟操作，达到了设备故障判断准确、处理及时，仅 2018 年度检修作业及故障处理累计倒闸达 500 余次。她还严格落实定期检测、状态维修、重点检修的每一个关键环节，落实检修工艺，严控检修过程，提高检修质量，保证了设备始终处于稳定运行状态。

她凝聚合力，做善于管理的“高手”。2015 年 1 月南仓配电所由电磁保护改造为微机保护，在全面推进标准班组建设中，她坚持“落实制度言行如一，执行标准表里如一，遵章守纪始终如一”的工作标准，实施人性化加精细化的管理，在班组形成了一套较为完整的管理模式，并积极做好传帮带。她组织职工围绕“强基达标、提质增效”工作主线开展形式多样的竞赛活动，充分发挥示范引领作用。她关心职工生活，积极与职工交流谈心，沟通思想解开疙瘩，做到了以情感人、以情聚人。

荣誉

2012 年	配电技术比武第二名	路局级
2014 ~ 2017 年	先进生产（工作）者	路局级
2017 年	“三八”红旗手	路局级

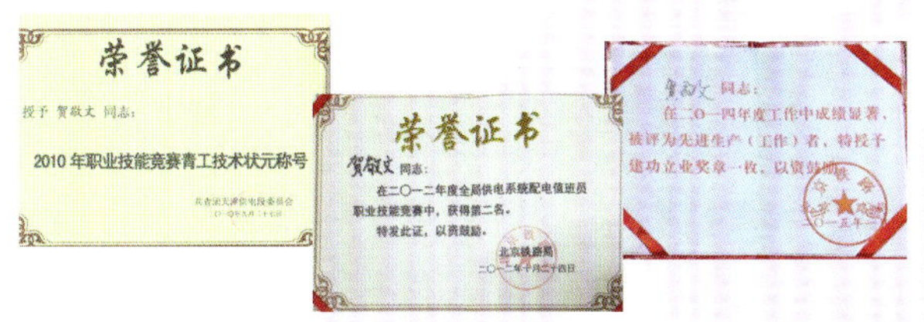

荣誉证书

授予 贺敬文 同志：

2010 年职业技能竞赛青工技术状元称号

荣誉证书

贺敬文 同志：

在二〇一二年度全局供电系统配电值班员职业技能竞赛中，获得第二名。

特发此证，以资鼓励。

北京铁路局

二〇一二年十月二十四日

贺敬文 同志：

在二〇一四年度工作中成绩显著，被评为先进生产（工作）者，特授予建功立业奖章一枚，以资鼓励。

贺敬文 同志：

在二〇一五年度工作中成绩显著，被评为先进生产（工作）者，特授予建功立业奖章一枚，以资鼓励。

荣誉证书

贺敬文同志：

被评为2017年度“三八”红旗手

成果

1. 解决灯动回路短路故障

南仓配电所所内电磁保护运行中多次出现灯动回路短路故障引起本所电源及上级电站越级跳闸的情况，扩大了事故范围。面对此种情况，她认真分析跳闸原因，反复研究解决方法，最终提出“在电源速断保护回路加上适当延时”的可行性方案，达到了本柜速断保护不影响电源速断跳闸，不出现越级跳闸顶掉电源的目的。

2. 制定系列作业标准

在标准化建设方面，贺静文推陈出新制定了配电所标识标志标准化、安全作业标准化、防误操作标准化等一系列标准，为配电所日常运行安全打下良好的基础。

3. 发明“口袋式”安全技术措施

针对所内设备停电检修，贺敬文创新地发明了“口袋式”安全技术措施标准化布置：停电检修的设备均围在围栏以内，只留下一个出入口，并设置“由此进出”的标识牌，并在围栏上向内悬挂“止步，高压危险”的标识牌，提醒作业人员不要越过围栏，触及其他带电设备。

岗位标兵

高标准、严要求的先进党员——李永亮

人物

李永亮，男，1973年生，中共党员，大专学历，全路技术能手。1993年8月参加工作，现为沧州车务段德州站调度车间车站调度员。

李永亮自入路以来，政治素质好，思想品德优，坚决听党话、跟党走，理想信念坚定，热爱祖国，恪守职业道德，遵纪守法，廉洁敬业。他始终以优秀共产党员的标准严格要求自己，业务素质较高。身为班组长、共产党员，工作中他以身作则，本着“向标准要安全，向计划要效率”的理念，始终坚持在运输一线，为车站的运输安全畅通做出了贡献。他认真学习业务知识，不断提高业务水平，并积极推广新工艺、新技术。针对当前快运业务的发展给车站运输带来的影响，他积极出主意想办法，提出了合理组织、提前集结、成组编挂、欠轴编车等一系列行之有效作业方法，并被车站采纳。搞好传帮带，充分发挥技师优势。在工作中，李永亮积极向车间请求带徒授业，带车站调度员2人，耐心细致传授技艺，使徒弟在很短的时间内，以优异的成绩顺利通过考试并上岗工作。李永亮还对参加段、站组织的行车职业技能竞赛的选手进行业务指导和理论培训，帮助他们在技术比武中取得了优异的成绩。他个人多次参加路局的技术比武，均取得优异的成绩，先后荣获“北京铁路局技术能手”“全路技术能手”等荣誉称号，连续七年被评为车务段“先进生产者”“优秀共产党员”。

2011 年	技能竞赛调车区长第一名	路局级
2013 年	技能竞赛车务系统配车组第三名	路局级
2013 年	技术能手	路局级
2015 年	全路技术能手	总公司级
2016 年	标准化先进职工	路局级

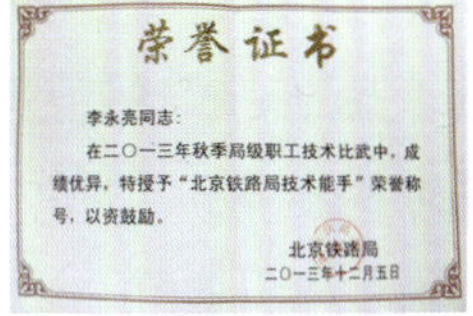
荣誉证书

李永亮同志：

在二〇一三年秋季局级职工技术比武中，成绩优异，特授予“北京铁路局技术能手”荣誉称号，以资鼓励。

北京铁路局
二〇一三年十二月五日

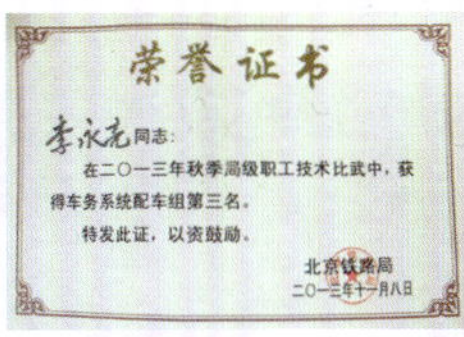
荣誉证书

李永亮同志：

在二〇一三年秋季局级职工技术比武中，获得车务系统配车组第三名。

特发此证，以资鼓励。

北京铁路局
二〇一三年十一月八日

荣誉证书

李永亮同志：

被评为 2016 年度

标准化先进职工

聘 书

兹聘任沧州车务段李永亮同志为北京铁路局车站调度员首席技师

北京铁路局
2014 年 7 月 4 日

立足本职，刻苦钻研的技术尖兵——李绍亮

人物

李绍亮，男，1972年生，大专学历，“火车头”奖章获得者。1993年参加工作，现任唐山供电段丰润变配电检修车间一次设备检测工区工长，变电值班员技师。

李绍亮参加工作20多年来，立足本职，谦虚好学，刻苦钻研，为生产任务的完成献计献策。他干一行，爱一行，钻一行，精一行，大胆管理，善于创新，在自己的岗位上兢兢业业，勤勤恳恳。他本着“精简细修、遵章操作、精准分析、一点不差”的工作标准严于律己，他凭借娴熟过硬的业务技术在作业过程中发现并处理多处设备隐患，保证了变电设备的安全运行。他与职工一起开展岗位练兵活动，从学、钻、练入手，做到突出应知应会熟练掌握，突出新设备新技术的学习了解，突出安全意识教育入脑入心，突出非正常情况下应急故障处理能力的强化培训，使班组职工业务精通、技术过硬、一专多能，呈现出努力争做政治上一面旗，业务上一把手，安全上一颗星的良好局面，为供电段培养出一批又一批高技能变电技术人才。他根据现场实际，努力钻研，先后研制出了“互感器封闭式注油阀”“改造隔开挂钩”和高压试验“三三三”操作法。其中互感器封闭式注油阀和高压试验“三三三”操作法分别获得了路局2017年度优秀奖和党内优质品牌。

2014 年	先进生产（工作）者	路局级
2015 年	先进生产（工作）者	路局级
2016 年	先进生产（工作）者	路局级
2017 年	“火车头”奖章	总公司级

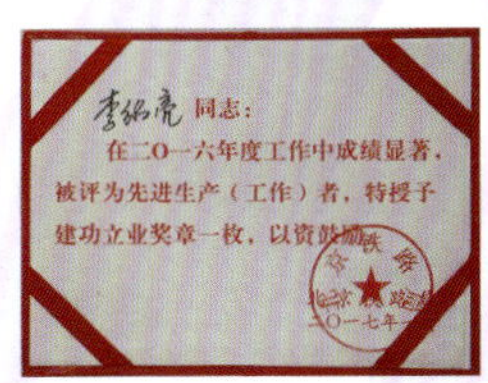

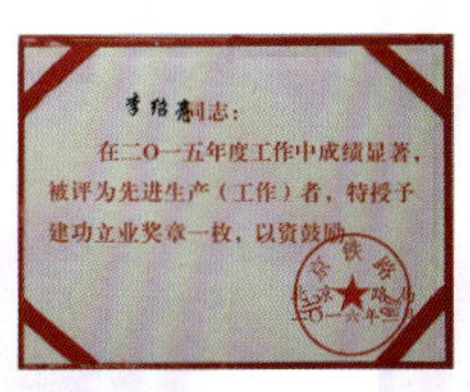

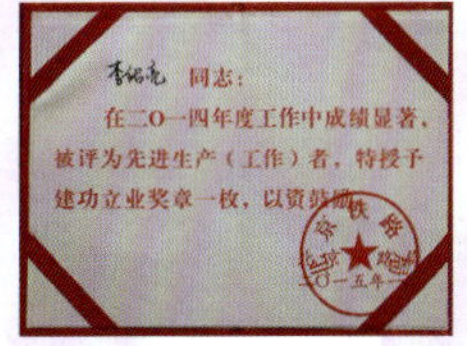

1. 互感器封闭式注油阀

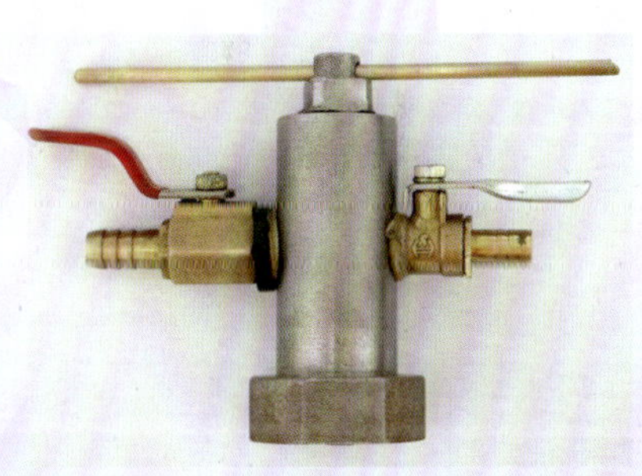

唐山供电段所辖牵引变电各所亭 70 个，其中变电设备中电流互感器 429 台，电压互感器 186 台，这些设备的正常运行，直接关系着安全供电。为确保设备安全，要定期对互感器内的绝缘油进行绝缘油色谱分析及简化分析。互感器维护中，注油的工作量大而且繁琐，注油孔距地面 4.5 m，注油时需两人协同作业，一人用绳索将波纹管拉长，使内部产生一定的空间，另一人将绝缘油注入，工序复杂。为此李绍亮刻苦钻研，查找资料，不断总结经验，研制了“互感器封闭式注油阀”，使注油工作简单化、精准化，高空操作一人便可完成，提高了工作效率，减小安全隐患。

2. 高压试验“三三三”操作法

为确保高压试验作业人员的人身安全，李绍亮对接线、加压、结束三个步骤进行提炼，总结了“一地二连三电源接线、一看二唤三监视加压、一关二放三撤线”高压试验“三三三”操作法。工作方法的创新和现场运用，使新入职人员很快掌握了高压试验操作法，提高了作业安全系数，提升了作业效率，确保了试验数据的准确性，同时，促使作业人员养成了严格落实作业标准的良好习惯，为确保作业人员人身安全和设备质量打下了坚实基础。

笑傲调车编组场的钢轨舞者——李笑

李笑，男，1976 年生，中共党员，中专学历 ，天津市“五一”劳动奖章获得者。1995 年参加工作，现任南仓站运转三车间调车长。

李笑调车组是南仓站唯一以班组长名字命名的班组，班组长李笑就像是一座灯塔，以他自身的勤学、善思、敬业、团结的精神照亮南来北往列车解编安全的前行路。李笑班组担负着车站交流车转场取送作业，下行列车的解体、编组、整场作业，以及直通场北端、天津机务段、126 整备场、昊天、料场、辰兴等专用线的取摆作业等重任。涉及范围广、作业强度大，为确保调车作业的绝对安全，李笑围绕“钩钩标准”的工作理念，苦练技术业务，呈现出“建标一本通、学标一口清、达标一手精、落标一个样”的良好局面，牵头开展“今天我是班组长”活动，带领班组主动思考、主动求变、主动创新、主动提效，以“作业零违章、摆位零误差、排风零漏洞、提钩零盲区”为目标，在班组中创建“四零”品牌，坚持以亲情为纽带、以和谐为文化，带领组内成员积极进取、默默奉献，营造了“班组成员一家亲”的工作氛围。截至 2018 年 8 月末，班组实现安全生产 11109 天，累计调动车辆 281294 辆，班组成员“两违”0 受牌。

台上一分钟，台下十年功。作为班组领军人的李笑在学习的道路上从未停歇过。他坚持班前看一条、班后背一项，确保《铁路技术管理规程》《车站行车工作细则》中的每条规章都熟记于心，被同事称为调车“活规章”“土专家”。工作 20 年多年，他总结出“李笑安全调车法”，归纳出 24 句“调车作业七字诀”“四多四防调车作业法”，在全站各调车班组广泛推广运用，被誉为“调车专家”。“在岗 1 分钟，标准 60 秒”这是李笑带队伍的核心理念，也是李笑传递给班组成员的精神，他要求班组成员上班提前 20 min 到达，全面了解当班计划和站内股道运用、存车情况，做到任务装心里、安全记心中。为了确保调车的绝对安全，李笑带领班组成员，前后实地勘查百余次，详细标记每条线路的长度、坡度、容车数等数据，数千次练习测距观速，组内每名成员都练就了“规章一口清、观距一眼准、连挂一把稳”的调车绝活。“在‘李笑班组’工作过，出来就能挑大梁”这是车间主任对“李笑班组”的最大肯定。

调车作业的关键环节是确保人身和行车安全，该班组坚持人防管控安全关键。建立“日预警提示、周分析点评、月研判评价、季评估考核”调车安全风险管理机制，把选闸试闸“五选五不选”等关键作业环节编成顺口溜，便于日常学、记、用。组内成员坚持结合作业实际不断完善调车作业指导书和流程图，确保调车作业全过程、全方位卡控。

“一家有难大家帮，一人有事大家上，班组都是一家人”从思想上帮、从业务上带，李笑用心做好班组人员思想工作，坚持“真诚感动 + 结对帮带”，把“刺头”带成了调车长，把“不放心人”变成了“安全标兵”，在他的带领下，10 多名年轻同志快速成长起来，成为业务骨干。截至 2018 年 8 月末 ，“李笑班组”共培养出工人技师 4 人，全站背规“状元”2 人，是全站调车岗位出名的“黄埔军校”。

2015 年	优秀共产党员	路局级
2015 年	标准化班组长标杆	路局级
2016 年	天津市“五一”劳动奖章	省级
2017 年	标准化班组长标杆	路局级
2017 年	“创岗建区”党员先锋岗	路局级
2017 年	先进职工	站段级
2018 年	调车工种个人全能第三名	站段级
2018 年	优秀共产党员	站段级

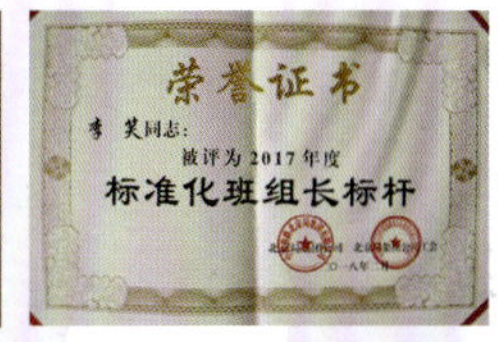

精益求精，努力打造优质机车——张之生

张之生，男，1963 年生，中共党员，中专学历，路局首席技师。1987 年 2 月参加工作，现任唐山机务段丰润检修车间调试二组工长，机车电工高级技师。

2014 年，全局和谐机车高级修任务落户唐山机务段丰润检修车间。作为技术骨干，张之生被任命为技术要求最高的班组——调试组工长。由于是全新机型，调试工作面临很多困难，他没有等靠要，而是主动出击，从零开始。在交车调试过程中，多次出现受电弓不同类型的故障。在 5000 km 试运行中，发生了 2 起受电弓运行中降弓的故障，构成了局定机破，影响了正常的运输生产秩序。针对这一系列受电弓故障，他在深入学习机车原理、紧盯故障发生的具体工况的基础上，分析总结出故障原因，并给出查找、处理方法，并对班组职工进行培训。在此过程中，他完成的《HXD3C 型机车高级修调试过程中受电弓故障的查找和原因分析》论文发表于《哈尔滨铁道科技》2016 年第 2 期。

他勤于观察，肯于动脑，积极投入到技改技革活动中。几年来，他策划并参与的“HXD2B 机车原理图从单一英文注解到英汉对比注解的改进”项目获段技改技革一等奖，并有其他 4 项课题获段技改技革二等奖。在工作中，他注重培养年轻技术力量，努力带好徒弟。2014 年，他和徒弟张继品获得路局“优秀师徒”称号。他加强思想政治学习，提高政治素养，严格执行党员标准，多次被评为段“优秀党员”，2015 年获路局“标准化先进职工”称号，2017 年被评为路局“优秀共产党员”。

荣誉

2014 年	优秀师徒	路局级
2015 年	标准化先进职工	路局级
2015 年	高级技能人才	路局级
2017 年	优秀共产党员	路局级
2017 年	先进生产（工作）者	站段级
2017 年	高级技能人才	路局级

荣誉证书

张之生 张继品 同志：

荣获2014年度北京铁路局优秀师徒称号，特发此证，以资鼓励。

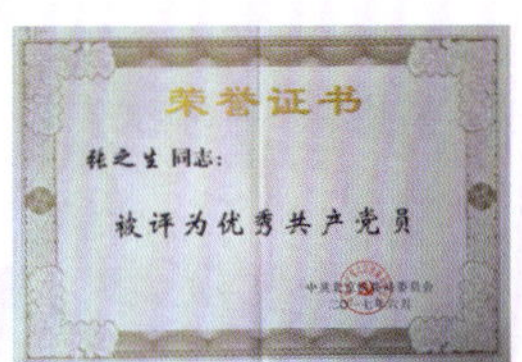

荣誉证书

张之生 同志：

被评为优秀共产党员

张之生同志：

被评为2017年度先进生产(工作)者

聘　书

兹聘任唐山机务段张之生同志为北京铁路局铁路机车电工首席技师

北京铁路局

2017年7月3日

成果

1. HXD3C 型电力机车 400 负线故障查找指南

他独立总结出的“HXD3C 型电力机车 400 负线故障查找指南”，获得段技改技革二等奖，并于 2016 年北京铁路局群众性技术革新表彰大会上获段级命名为“张之生 HXD3C 机车的 400 负线故障查找指南作业法”。

2. 改进 HXD2B 机车原理图注解

为了适应路局对 HXD2B 机车的高级修修程要求，解决面对新车型、新工艺职工遇到的困难，他策划并参与了系列中英文对比注解的 HXD2B 图纸，极大满足了生产需要。“HXD2B 机车原理图从单一英文注解到英汉对比注解的改进”项目获段技改技革一等奖。

3. 冷却液排放装置

在生产中，他积极建议优化 HXD3B 机车主变流装置冷却液排放作业，并指导制作冷却液排放装置。新方法实施后既保证了机车电力线路绝缘，又能回收再利用冷却液，每年将产生直接经济效益约 25 万元。由于优化后的作业方法不会对主辅电路产生绝缘影响，省略了人工清理，这也就提高了劳动生产率，加快生产进度，同时减少了人力物力的消耗，这将产生间接经济效益。

调车驼峰上的金牌指挥官——陈宏涛

陈宏涛，男，1979年生，大专学历，路局首席技师。1996年参加工作，现任南仓站运转三车间驼峰调车长。

阳春三月，乍暖还寒，南仓站下行驼峰一部楼内，“4调2峰解体下到场18道41032次”“4调，推峰进路，好”。南仓站运转三车间丙班驼峰调车长陈宏涛稳坐“峰”上，一边观察着车辆的实时位置及状态，一边向领车人员下达联控指示，有条不紊地指挥着调车溜放作业。

作为全局三大编组站之一的南仓站，是一个名副其实的“列车加工厂”，而驼峰则像个“阀门”，车流都要经过这个“阀门”驶向全国各地。陈宏涛所在的下行驼峰每天担当万余辆货车的解体及下行始发列车的编组作业，作为驼峰调车长的他就是整个驼峰区域的指挥官，不仅要指挥2台调车机，操控下行驼峰34组道岔和37架信号机设备，还要组织排风作业、峰上解体、峰下编组、车组防溜等4个岗点协调作业，既卡控着安全，又是效率提升的关键所在。这样一个关键的“咽喉要塞”，陈宏涛已经“镇守”了8年。“要想守住这个阵地，就得掌握‘稳、准、狠’三个字！”他的话掷地有声。

“多解快编、安全畅通！”这是编组站对主调的要求，坐在驼峰楼2台电脑前，陈宏涛深知自己肩上担子的分量，因此，他潜心研读《车站行车工作细则》《铁路技术管理规程》，拓展学习TW-2自动化驼峰设备相关业务，在工作中，不仅坚持对天气、车种、减速器运行等变化情况做出提前预想，更在作业过程中随时注意设备变化、车组走行情况并按照计划掌握好调、停、顿。为了不使驼峰调车成为制约车站整体效率提升的瓶颈，陈宏涛不断学习总结，结合实际分析事故案例，开展了一轮又一轮的专项攻关活动，先后摸索出驼峰调车“六必须”、驼峰调车防溜逸“一三四”操作法等，并经过总结和完善，形成了驼峰调车“四防”工作法，即防挤、防脱、防侧、防撞，并提炼出“三清三有、四个盯控、合理分类、顺带拉车和联防联控”工作法，使之成为指导驼峰调车作业的“宝典”。指挥推峰、进路处理、减速制动、联系反峰，流畅如歌，每一列车组在陈宏涛的

指挥下都能平稳进入指定股道，在指定位置停妥。

“老陈玩的准啊，车总是能停在合适的位置！”这是车间干部对陈宏涛的评价。如何掌控好推峰速度是最考验驼峰调车长能力的一项基本功，快了，易造成安全风险；慢了，又影响解体效率，而陈宏涛则是把推峰解体速度掌控到“艺术化”的水准。当一批调车作业计划下达后，他总是合理制定好技术计划，仔细盘算场内各股道容车数；车辆下峰后，他密切关注溜放车辆通过峰下每个部位减速器的入、出口速度，指挥峰顶连接员合理拉开车组间隔；峰顶连接员的业务技能也在他的考量之中，对业务生疏者，他会有意放慢推峰速度，以保证峰顶提钩质量与人身安全……达到什么速度可以让减速器缓解，什么速度制动，后一钩要保持什么速度，班组成员的技术水平，这些陈宏涛都能做到拿捏有度、心中有数，在他的调控下，峰下都是车辆“轻吻”车钩的声音。

说起“狠”，这与陈宏涛的性格有关，他喜欢直来直去，干得好他叫好，出了错他会批评。“我们都愿意跟着陈班长干，工作中管得严，生活中管得宽，学习上管得狠！”已经跟陈宏涛搭伙 3 年张立民补充道。“铁路运输，安全第一！”这是陈宏涛经常挂在嘴上的一句话，在安全这个“大是非”面前，他从不顾及“小温柔”。“上一次新来的小伙计盲目图快，干起事来就不管不顾了，让我披头盖脸一顿骂，二十几岁的大小伙都让我骂哭了，要不是后面我拿出规章一条一条给他解释，把他那样干的后果给他讲明白，小伙子就要申请调组喽！”提到这个“段子”，陈宏涛一脸严肃，“‘安全’两个字可容不得半点马虎，不过讲明白就好了，这小子现在进步得可快了，去年还评上青年岗位能手呢！”提到班组成员取得的成绩，陈宏涛与有荣焉。在多年的工作实践中，善于归纳总结的陈宏涛还提炼出了班组联防保安全“三多经”，即：多提醒一句、多看一眼、多做一些预判断。正因为他工作中的大胆管理、细心关爱，对班组成员的高标准严要求，他所在的班组在各类评比中总能屡创佳绩。他所带领的丙四调班组更是多次获得路局“先进班组”称号。

荣誉

2014 年	先进班组	站段级
2015 年	先进生产（工作）者	路局级
2016 年	先进生产（工作）者	路局级
2017 年	驼峰调车长首席技师	路局级

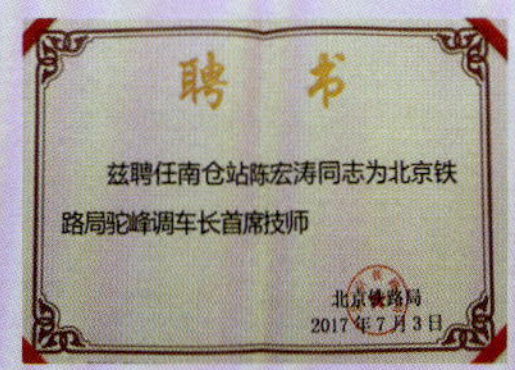

行车安全的守护者——任宏伟

任宏伟，男，1974 年生，中专学历 ，路局先进生产（工作）者 。1997 年参加工作，现任秦皇岛站运转车间行车甲班班组长。

任宏伟已在行车岗位工作 22 年，所在岗位主要从事和担负着秦皇岛站的京哈、津山两大繁忙干线的接发列车工作，其岗点是车站繁忙关键岗点。在日常工作中，他一直以争创一流素质、一流工作、一流服务、一流业绩、一流团队为主要目标，在段站、车间各级组织、部门的正确领导下，不断强化自身素质，工作中始终坚持把安全生产放在首位，坚持高标准、严要求，严把车站关键作业控制点，克服行车安全责任重、压力大等重重困难，多次出色地完成了运输生产任务，为确保安全生产做出了突出贡献。回顾以前的工作，从每年初历时 50 天繁忙的冬春运工作的开始，到 7、8 两个月的暑专运期间的重点列车、临客的运输组织，特别是年内多次运行图的调整变化，再加上“两节”“两会”和“五一”“十一”高峰期的运输，以及暑专运、国庆安保期间的反恐防爆等政治任务和重点工作中，按照部局、段站的总体部署和要求，结合班组工作的实际，严把车站接发列车、旅客列车、临客、施工以及非正常接发列车等关键作业。

在班组长任宏伟的团结带领下，其班组内部具有较强的凝聚力和向心力，和谐友爱，互帮互学，保安全、保稳定意识强烈。其所在班组在日常工作中积极参加车站、车间组织的各项活动，在参加每年暑期专运警卫任务、做好站场环境卫生整治、参加除雪保畅通等各项工作中，始终走在其他班组的前列，多次出色地完成各级领导交办的各项工作任务，受到各级领导和同志们的一致好评。

荣誉

2013 年	工人先锋号	路局级
2013 年	先进生产（工作）者	站段级
2014 年	先进生产（工作）者	站段级
2015 年	先进生产（工作）者	站段级
2016 年	先进生产（工作）者	站段级
2017 年	先进生产（工作）者	路局级

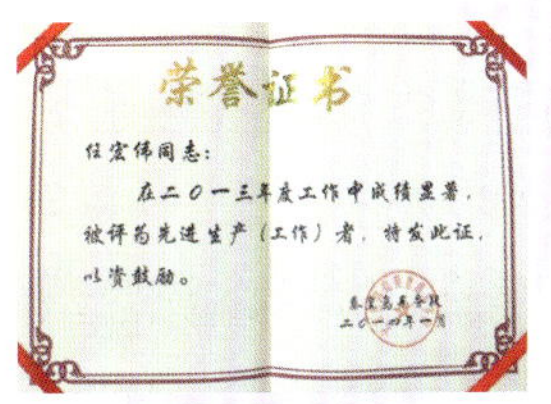

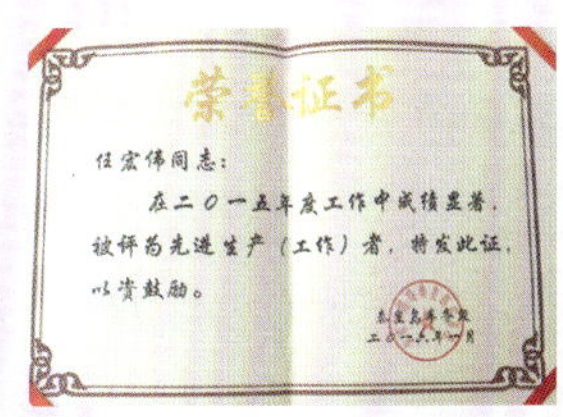

成果

“四字”工作法

他坚持从细微小事做起，从点点滴滴做起，始终把安全放在首位，在生产实践中成功运用了班组管理“四字法”，在班组安全生产中形成了规则统一、目标一致、共保安全的生动局面。所谓班组管理“四字法”，即勤、严、情、带。要搞好班组建设，首先要突出一个“勤”字，就是从勤抓职工的思想教育入手。“严”是搞好安全生产的关键，严格班组管理就能带来安全生产的生机，就能使安全生产有可靠的保障。“情”是“严”的基础，“严”是“情”的升华，严管理、严考核离不开情，严要寓于情之中。“带”是搞班组安全工作的保障，搞好班组安全工作的重点是抓住骨干，这样就能带动整体。实践出真知，由于在管理上运用了“四字工作法”，坚持以人为本，发挥班组成员的积极性和主动性，运用集体智慧，群策群力，完成了班组的各项任务，为企业的发展添砖加瓦。

巾帼不让须眉的高级技师——陈艳

陈艳，女，1972 年生，中共党员，大专学历，天津市“五一”劳动奖章获得者。1991 年参加工作，现任天津电务段南仓车间信号工区工长，高级技师。

自从任命高级技师以来，陈艳时刻以高标准、严要求去做好每一件事。她始终在现场一线从事信号设备的检修和维护工作，多年来在岗位上尽职尽责，埋头苦干。多年的技术工作造就了她对工作认真负责，一丝不苟，时刻将安全放在第一位的工作态度，并具备了较高的专业技能。她参加工作多年以来，先后参加了南仓车间多次大型设备改造施工：上到场大修改造施工、直通场大修改造施工、下行到达场改造施工、直通场正线电码化十八信息改造施工、直通场东疏解施工、直通场正线电码化 ZPW-2000 改造施工、直通场南 I 联加交分道岔施工、直通场电气改造工程以及直通场微机联锁改造施工等。

她作为班组长，能够扛起技术领头人的大旗。她在日常工作中，尤其重视各项电气特性，对于各项测试数据和微机监测数据进行分析，发现设备有异常或测试数据不良时，及时通知室外配合查找处理，防止设备带病运转。她每天合理安排人员完成当天任务，核实每月计划并定时定量完成，按时上报资料。在带徒方面，对于工区的新职工倾囊相授，同时也虚心向她们学习一些新的东西。她先后带出的几名徒弟如今都在各自岗位上发光发热，其中徒弟刘立芳现在技术职称是高级技师，也是工区的业务骨干；徒弟鄂艳玲更为出色，曾是天津电务段技术科的骨干力量；徒弟四译童、陈珊珊都顺利通过定岗考试；徒弟张珊、胡博琳顺利通过定职考试。在进行日常工作之外，她带领大家共同学习和交流专业技术，苦练硬功，并利用日常工作的机会传授技艺，形成学中干、干中学。特别是经常和工区的同事探讨在故障判断、特性测试、故障处理，以及通过微机监测发现设备潜在隐患问题等方面的工作经验和技巧，互相带动提高业务水平和故障处理的能力，从而达到提高班组整体技术水平的目的。她先后获得天津市“五一”劳动奖章、路局级“三八”红旗手、路局级“十五”建功立业奖章、“创岗建区”模范党员、路局级“优秀共产党员”等各类荣誉。

陈艳认为，当今时代，技术和设备的更新速度越来越快，如果固守成规，只会停滞不前，越差越远。只有不断学习，才能跟上时代发展的步伐，与时俱进。作为一名党员班组长、技术骨干、高级技师，必须对自己严格要求，不断地学习和补充新知识，才能使自己成为一棵常青树！

荣誉

2005 年　　天津市“五一”劳动奖章　　省级

2011 年　　“三八”红旗手　　路局级

2015 年　　“三八”红旗手　　站段级

2016 年　　“三八”红旗手　　站段级

2017 年　　“三八”红旗手　　站段级

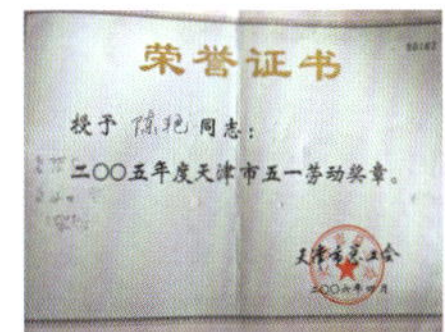
荣誉证书
授予 陈艳 同志：
二〇〇五年度天津市五一劳动奖章。

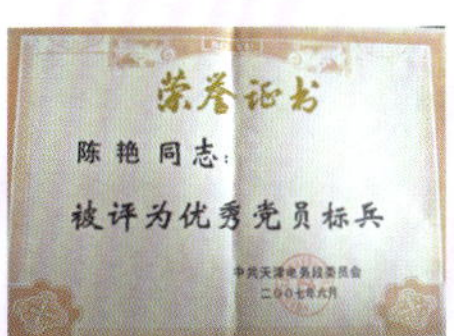
荣誉证书
陈艳 同志：
被评为优秀党员标兵

荣誉证书
陈艳 同志被评为二零一一年度
“三八”红旗手

荣誉证书
陈艳 同志：
2015 年度“三八”红旗手

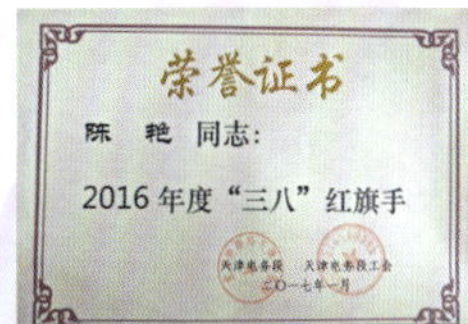
荣誉证书
陈艳 同志：
2016 年度“三八”红旗手

荣誉证书
陈艳 同志：
被评为二〇一七年度“三八”红旗手

高标准、严管理的优秀调车长——魏春元

魏春元，男，1981 年生，中共党员，本科学历，路局“工人先锋号”获得者。2005 年入路从事调车工作，现任塘沽站安全生产调度指挥中心监控值班员。

他自参加工作以来，在车站领导的大力关心和正确领导下，在同志们的无私帮助和热心配合下，工作中始终坚持严格执行标准化作业，发挥班组长的作用，严格要求班组成员，有效保证了调车作业的安全，多次受到车站的表彰。工作中，他最大的感受是：做一名优秀的班组长不那么简单。他认为一名优秀的班组长不仅要为人谦和、正直，更要对事业兢兢业业，对所从事的工作满腔热忱、充满激情，而且要树立爱岗敬业全心全意为人民服务的精神，在业务能力上紧跟铁路发展的步伐不断学习，熟练地掌握新设备、新技术，不断提高，精益求精。

他在工作中，认真贯彻执行上级下达的各项任务，掌握本岗位安全工作应遵守的规章制度，尽心尽职，严格按照岗位作业标准的要求执行相关的规定。自己撰写的论文《铁路道口安全防控措施的探索》对铁路道口调车作业提供了有效参考，保证了现场的作业安全。在做好本职工作的同时，努力按照高标准、严要求督促自己。他认为作为一名班组长，首先是必须具备调车长的素质，树立正确的世界观和人生观。态度决定心态，心态决定细节，细节决定成败。调车工作虽然脏、险、苦、累，但是他发自内心地热爱这个工作，喜欢这个工作。无论寒暑，无论雨雪，每当完成调车作业任务后看见经过自己的手编成的列车奔向远方，他都会由衷地感到幸福，充满成就感。对于新入路的职工，岗位技术和业务技能生疏，他常利用业余时间带领他们到作业场地进行实作技能练习，不断提高他们的技术能力，使他们的业务素质得到了提高，成为了班组的工作骨干。作为班组长，他严格树立自己的工作形象，及时做好班组月、季度的工作台账，组织职工学习技术业务技能和理论知识，及时了解班组病困职工的家庭情况，并将这些情况及时向车间领导汇报，以便让单位掌握班组职工困难的情况，做好相应的帮扶工作。

他还积极组织班组的年轻职工，利用业余时间定期进行调车工作环境的专项整治，包括专用线道岔的清扫、夏季的杂草侵限树木清除，以及冬季的除雪工作，以便为调车作业创造良好的工作环境。只有良好的作业环境才能确保作业中的人身安全和作业安全。安全大于天，人身安全更是重中之重。每次作业前都要组织小组成员进行班前预想，使他们增强自己的安全意识，从而确保调车作业的安全。他在工作中充分发挥共产党员先锋模范作用，多次获得“优秀共产党员”称号。成绩的取得只能说明过去，他有决心在今后的工作中继续努力，争取更大的成绩。

荣誉

2013 年	工人先锋号	路局级
2016 年	“十二五”建功立业先进班组	路局级
2016 年	暑运好党员	站段级
2017 年	优秀共产党员	站段级

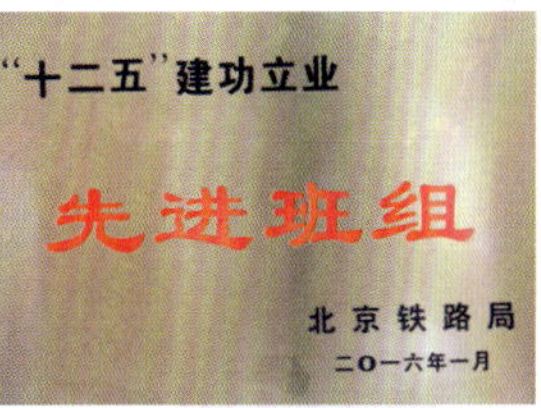

“毛泽东号”司机——吴虎彪

吴虎彪，男，1979 年生，中共党员，大专学历 ，路局“毛泽东号”司机获得者。1999 年参加工作，现任唐山机务段丰润运用车间第四机车队指导司机，高级技师。

吴虎彪在 2013 ~ 2015 年担任“全国青年文明号”DF4D-3148 机车司机长。在这期间，他带领着班组成员创造出“行车趟趟保安全、素质天天有提高、争先处处在日常、细微之处见真情”的班组精神。他在日常工作中认真学习技术理论知识，努力提高自身的实作技能，不断丰富行车经验，同时做好传帮带，帮助班组成员人人练就了一身“望、闻、问、切”的绝技，眼观、耳听、鼻闻、手感、灯试、锤检，什么活都逃不过他们的手心。吴虎彪先后在 2013 年和 2014 年度获得路局“先进生产（工作）者”的称号；2014 年度获得路局“毛泽东号”司机的称号，同年与其副司机阚亚超获得路局级“优秀师徒”的称号。

吴虎彪同志于2015年4月份走上了指导司机的岗位，带领指导组内人员认真学习专业知识，提高操纵水平，在工作中带头执行标准变化作业，交接班作业认真检查机车，确保了担当的京哈线客车的安全、正点。2018 年 5 月全体组内人员由担当京哈线客车转到唐呼线担当单元万吨列车牵引任务，同段运用科、安全科和车间领导，研判万吨列车的风险，结合唐呼线线路纵断面，研究出一套单元万吨列车模块操纵办法并推广使用，确保了唐呼线单元万吨列车的安全。

2013 年	先进生产（工作）者	路局级
2014 年	先进生产（工作）者	路局级
2014 年	“毛泽东号”司机	路局级
2014 年	优秀师徒	路局级

吴虎彪 同志：

在二〇一三年度工作中成绩显著，被评为先进生产（工作）者，特授予建功立业奖章一枚，以资鼓励。

二〇一四年三月

吴虎彪 同志：

在二〇一四年度工作中成绩显著，被评为先进生产（工作）者，特授予建功立业奖章一枚，以资鼓励。

二〇一五年一月

荣誉证书

No. 136

授予：吴虎彪同志

“毛泽东号”司机

二〇一四年

荣誉证书

HONORARY CREDENTIAL

授予：吴虎彪 同志

优秀共产党员称号，特颁发此证书。

中共唐山机务段委员会

二〇一七年六月

永葆党性，锐意进取的高级技师——陈玉怀

陈玉怀，男，1971 年生，中共党员，中专学历，路局高技能人才。1989 年参加工作，现任天津工务段沧州线路车间检查工区工长，高级技师。

作为一名高级技师，陈玉怀主动积极参与作业中疑难问题的整治。他所管辖的沧州捷地工区地形复杂，设备不宜保持，曲线连接道岔，动态检查时经常出现三级分，最严重的是发生四级分连续出现两次的情况。他和几名业务骨干经过一个月的努力找出病害，研究对策，合理利用天窗进行整治。陈玉怀任检查工区工长两年的时间内，捷地工区的设备发生了彻底的改变，基本上消除了晃车现象，二、三级分明显减少。为了使检查工作“精、细、全”，陈玉怀更新了检查方法，独创 *N* + 1 的检查方法。除了按规定检查以外，对于重点处所在检查人员检查以后，带班工班长还要重新复核，这样防止因病害漏检给行车安全带来隐患。同时，他督促职工在检查时一定要细致、全面，这样提供的设备数据才真实、有效。在他的带领和努力下，他所在班组获得了天津市“青年文明号班组”的称号。其本人因爱岗敬业、能力突出，连续多年被段评为“先进个人”“优秀共产党员”。

荣誉

2013 年	优秀共产党员	站段级
2013 年	高技能人才	路局级
2014 年	优秀共产党员	站段级
2014 年	先进生产（工作）者	站段级
2015 年	优秀共产党员	站段级
2016 年	优秀共产党员	站段级
2017 年	优秀共产党员	站段级
2018 年	优秀共产党员	站段级

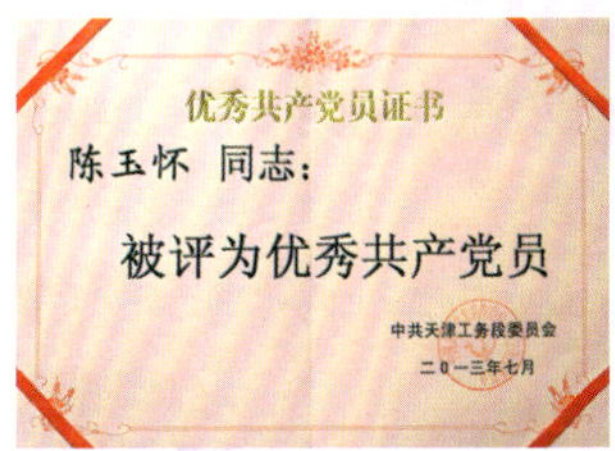

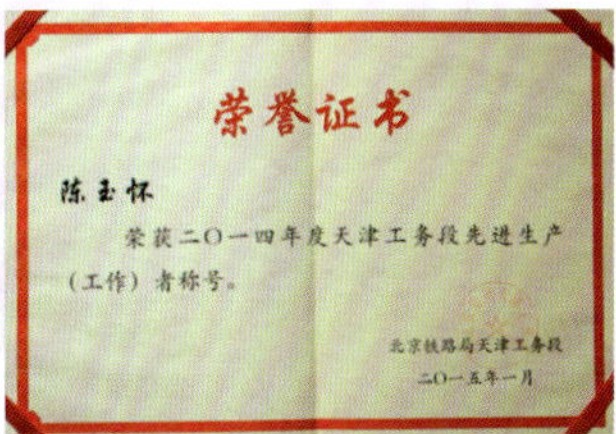

成果

1. 通用型道岔支距尺

由于提速道岔的护轨设计高度较直股主轨高 12 mm，导致护轨处有两处支距不能准确测量。道岔检查是道岔维修保养作业的依据，道岔支距不能准确测量，有可能导致设备的失检失修，为行车安全埋下隐患。为了解决这一难题，陈玉怀研制了通用型道岔支距尺。他通过反复试验，精确度完全符合技术标准，保证了两处支距测量的准确性，给作业带来了便利，保证了道岔质量。

2. 尖轨变截面加固夹板

提速道岔的尖轨变截面是比较薄弱的部位，如果在这个部位发生重伤或断轨，没有加固装置会延长故障的处置时间。针对这一问题，2015 年陈玉怀成功研制了尖轨变截面加固夹板，改善了尖轨使用条件。

接触网尖刀连的排头兵——王腾

人物

王腾，男，1988 年生，本科学历，“全局尼红式青年”获得者。2011 年 12 月参加工作，现任天津供电段供电维修车间一工区副工长，接触网工技师。

作为一名从事接触网工作的铁路人，王腾思想积极进步，工作脚踏实地，多年来立足本职岗位，潜心钻研业务技术。工作中，他坚持以人为本、精简细修、严控风险、确保安全的工作理念，从业 8 年来，他在为天津供电段管内接触网设备的安全运行做出了重要贡献的同时，充分利用自身技术特长，经常组织职工进行技术业务学习，真正意义上做到了传、帮、带。在他的带动下，班组上下形成了勤于学习、攻坚克难、荣辱与共的良好氛围。2015 年，天津广播电视台的记者采访王腾，并在天津都市频道播出其先进事迹，他的努力得到各级领导和同事的一致好评。

荣誉

2013 年	优秀共青团员	站段级
2014 年	优秀共青团员	站段级
2014 年	先进生产（工作）者	路局级
2016 年	全局尼红式青年	路局级
2017 年	合理化建议优秀奖	站段级

荣誉证书

王　腾同志：

被评为 2013 年度优秀共青团员

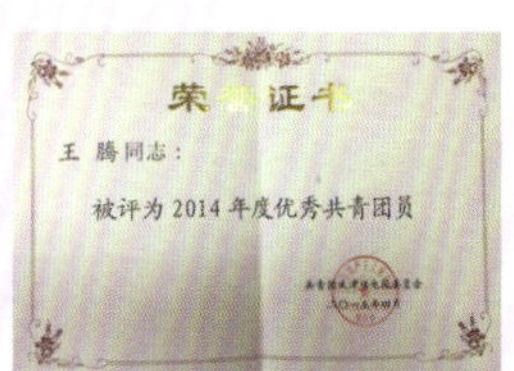
荣誉证书

王　腾同志：

被评为 2014 年度优秀共青团员

荣誉证书

授予 王　腾 同志：

2016 年度“全局尼红式青年”

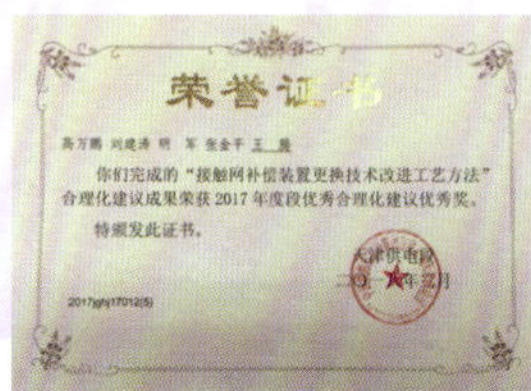
荣誉证书

你们完成的“接触网补偿装置更换技术改进工艺方法”合理化建议成果荣获 2017 年度段优秀合理化建议优秀奖。

特颁发此证书。

天津供电段

成果

1. 改进叉杆

王腾对作业车更换绝缘子作业平台所使用的叉杆进行了改造，有效地解决了人工更换零部件设备受力与卸载工具使用问题，加快了作业速度，保证了设备更换质量与更换进度，为设备的精测精修提供了有力支持。

2. 制作钢丝套改进接触网补偿装置更换技术

王腾对接触网补偿装置更换技术进行了改进，制作出一条专用钢丝套（根据现场情况分为 8 m×70 mm² 和 10 m×70 mm² 两种类型）。紧线器连接杵环杆与支柱，再利用一条钢丝套与 3 t 手扳葫芦连接坠砣杆与支柱，作业人员站在坠砣上改变滑轮组行程，使补偿装置卸载。这一过程节省人工的同时又提高了作业效率，使得补偿装置更换作业更加高效。

3. 改进接触网分段绝缘器更换工艺

王腾通过对接触网分段绝缘器各零部件提前进行预制、组装，来改进分段绝缘器更换工艺，大大提高了更换分段绝缘器的效率。该工艺在日常作业中得到了广泛的应用，通过这一工艺，更换的分段绝缘器至今无一起故障。

图书在版编目（CIP）数据

匠心·创新：北京局铁路技师风采．二／北京铁路工人技师协会组织编写．—北京：中国铁道出版社有限公司，2019.4

ISBN 978-7-113-25568-8

Ⅰ．①匠… Ⅱ．①北… Ⅲ．①铁路工程－工程技术人员－生平事迹－北京－现代 Ⅳ．①K826.16

中国版本图书馆CIP数据核字（2019）第035144号

书　　名：匠心·创新（二）——北京局铁路技师风采
　　　　　JIANGXIN·CHUANGXIN(ER)——BEIJINGJU TIELU JISHI FENGCAI
作　　者：北京铁路工人技师协会
策　　划：江新锡
责任编辑：黎　琳　　010-51873065
装帧设计：郑春鹏
责任校对：王　杰
责任印制：高春晓
出版发行：中国铁道出版社有限公司（100054，北京市西城区右安门西街8号）
网　　址：http://www.tdpress.com
印　　刷：北京盛通印刷股份有限公司
版　　次：2019年4月第1版　2019年4月第1次印刷
开　　本：889 mm×1194 mm　1/16　印张：7.75　字数：295千
书　　号：ISBN 978-7-113-25568-8
定　　价：45.00元